エンジニア入門シリーズ

ITアーキテクトとエンジニアのための
金融ITシステム入門

［著］

静岡大学
遠藤 正之

科学情報出版株式会社

まえがき

　本書は、金融関係の IT システムに関わる方々に、昨今の動向も含めて、幅広く金融 IT システムの概要を理解してもらうために、執筆するものです。特に留意したのは第一に基本的な業務上の概念を理解いただくこと、第二に IT システム活用に伴う様々なリスクに言及すること、第三に最新の技術や規制の動向を取り込むことの 3 点です。いずれも、私の銀行で業務体験や IT システム開発での経験、大学での研究者として研究した事象がベースとなっています。

　第一の基本的な業務上の概念を理解いただくことについては、金融業務の本質を理解することが、IT システムを検討する際にも重要になると考えるからです。エンドユーザー、例えば個人が金融機関に預金する場合は、元本の安全性を期待しています。一方証券会社で株式投資を行う場合は、損失リスクも考慮しつつも、公正な市場環境で株式相場が上昇することを期待するでしょう。

　第二の IT システム活用に伴う様々なリスクに言及することは、IT システムが発展すると同時に障害によって IT システムが停止したり、誤った動きをしたりする時、利用者に及ぼす影響も大きくなります。IT システムに脆弱な部分が残っていると、そこを狙われることもあるのです。よって、便利になる反面、様々なリスクへの対応や、IT システムが止まった時の影響やビジネスを何らかの代替策で提供できるかということを検討しておくことが必要になってきます。そのような視点を忘れないようにすることが、金融 IT システムの構築や保守運用では重要になってきています。

　第三の最新の技術や規制の動向に関しては、まず技術は日進月歩の変

🏛 まえがき

化をしています。2022 年に生成 AI が登場し、様々な応用事例が開発されています。一方で、サイバーセキュリティの脅威も高まっています。規制についても、世界の金融のボーダレス化に伴い、国際金融規制の動向も視野に入れなければなりません。例えば、アンチマネー・ローンダリング（AML）が重要なテーマとなっており、FATF（Financial Action Task Force：金融活動作業部会）から日本は重点フォローアップ国とされており、この点も今後の IT システムでは考慮をしなければなりません。

　さて、システムエンジニアリングで言われるシステムオブシステムズという概念をご存じでしょうか。システムオブシステムズとは、ライフサイクルの異なる複数のシステム群が統合されているシステムのことを言います。単体で管理されているシステムが、他のシステムと連携することにより、より大きなシステムとして動いていくことを表現しています。金融 IT システムはまさにシステムオブシステムズの典型例です。それぞれの金融機関のシステムが単独で設計管理されつつも、他のシステムと連携し、より大きな金融 IT システムを構成しています。多数の証券会社と証券取引所とが繋がって、大きな証券市場を構成しているというのがその一例です。しかしながら、誤ったデータを証券会社が送ってしまった場合、証券取引所で取引が成立し、エンドユーザーに想定外の利益や損害が発生するような事象が過去にありました。このように、システムオブシステムズは、一つ一つのシステムが正しく動くだけでなく、関連する他のシステムとも正しく連携することが必要であり、想定外の数値に対しては、処理を続行せずに、アラームを出すようなフェイルセーフの考え方が必要になってきます。

　個々の IT システムを構築する場合、社外や組織外を含めた他の IT システムとの連携を考慮した設計が求められています。本書を活用するこ

とで、そのような観点を踏まえた、IT システムの企画開発に繋がればと
考えています。

遠藤 正之

目　　次

まえがき

1章　金融ITシステムとリスクマネジメント

1.1　金融、金融システム、金融 IT システム ・・・・・・・・・・・・・・・・・・・・・・・3
1.2　金融 IT システムのリスク・・・・・・・・・・・・・・・・・・・・・・・・・・・・・・・・・9
1.3　リスクマネジメント ・・・・・・・・・・・・・・・・・・・・・・・・・・・・・・・・・・・ 11
1.4　事業継続計画とオペレーショナル・レジリエンス ・・・・・・・・・・・・・ 13
1.5　システム障害対策の 4 つの観点 ・・・・・・・・・・・・・・・・・・・・・・・・・・・ 16
1.6　金融 IT システム関連の民間団体・・・・・・・・・・・・・・・・・・・・・・・・・・ 18

2章　銀行のITシステム

2.1　預金取扱等金融機関 ・・・・・・・・・・・・・・・・・・・・・・・・・・・・・・・・・・・・ 23
2.2　銀行の 3 大業務・・ 25
2.3　銀行の 3 大機能（資金仲介機能、信用創造機能、資金決済機能）・・ 29
2.4　勘定系システムと地方銀行のシステム共同化・・・・・・・・・・・・・・・・ 32
2.5　クラウド化の進展 ・・・・・・・・・・・・・・・・・・・・・・・・・・・・・・・・・・・・・ 36
2.6　その他のサブシステム ・・・・・・・・・・・・・・・・・・・・・・・・・・・・・・・・・ 39
2.7　インターネットバンキングと API 開放 ・・・・・・・・・・・・・・・・・・・・ 41
2.8　銀行システム障害事例 ・・・・・・・・・・・・・・・・・・・・・・・・・・・・・・・・・ 44
コラム：都市銀行、地方銀行、第二地方銀行、信用金庫、信用組合の相違点・・ 52
コラム：「楽天は銀行を持てるが、銀行は楽天を持てない」・・・・・・・・・・・・ 53

3章　金融機関の決済ネットワーク

3.1　内国為替の仕組み ･･････････････････････････････ 58

3.2　全銀システム（全国銀行データ通信システム）･････････ 59

3.3　日銀ネット（日本銀行金融ネットワークシステム）･････ 64

3.4　CD/ATM ネットワーク ･･････････････････････････ 67

3.5　外国為替の仕組み ･･････････････････････････････ 69

3.6　ことら送金・少額決済 ･･････････････････････････ 72

3.7　個人信用情報機関 ･･････････････････････････････ 74

3.8　決済ネットワークシステム障害事例 ･･････････････ 75

コラム：キャッシュレスの相互運用性 ･･･････････････････ 82

4章　証券会社のITシステムとネットワーク

4.1　証券の4大業務 ･･････････････････････････････ 89

4.2　業務系システム ･･････････････････････････････ 91

4.3　対外接続系システム ･･････････････････････････ 93

4.4　情報系システムなど ･･････････････････････････ 94

4.5　オンライン証券 ･･････････････････････････････ 96

4.6　証券決済の仕組み ････････････････････････････ 98

4.7　証券取引所 ･･････････････････････････････････ 100

4.8　証券保管振替機構 ････････････････････････････ 102

4.9　清算機関（日本証券クリアリング機構）････････････ 103

4.10　証券取引所のシステム障害事例 ･･････････････････ 104

5章　保険会社のITシステム

5.1　保険会社と保険のカテゴリー ････････････････････ 109

5.2　生命保険･･････････････････････････････････････ 111

5.3　生命保険会社のネットワークシステム ･･･････････ 117

5.4 損害保険 ・・・ 120

5.5 損害保険会社のネットワークシステム ・・・・・・・・・・・・・・・・・・・・ 125

6章 クレジットカード会社のITシステム

6.1 クレジットカードの仕組みと業務 ・・・・・・・・・・・・・・・・・・・・・・・ 133

6.2 クレジットカード会社の IT システム ・・・・・・・・・・・・・・・・・・・・・ 138

6.3 PCI DSS（クレジットカードの情報保護）・・・・・・・・・・・・・・・・・ 141

6.4 EMV3D セキュア（不正利用対策）・・・・・・・・・・・・・・・・・・・・・・ 143

7章 進むAIの活用

7.1 AI の金融業務活用 ・・・・・・・・・・・・・・・・・・・・・・・・・・・・・・・・・・ 149

7.2 オンラインレンディング ・・・・・・・・・・・・・・・・・・・・・・・・・・・・・ 152

7.3 ロボアドバイザーサービス ・・・・・・・・・・・・・・・・・・・・・・・・・・・・ 160

7.4 生成 AI の活用 ・・・・・・・・・・・・・・・・・・・・・・・・・・・・・・・・・・・・ 164

7.5 金融生成 AI 実務ハンドブックとガイドライン ・・・・・・・・・・・・・・ 168

コラム：長期・分散・積立 ・・・・・・・・・・・・・・・・・・・・・・・・・・・・・・・ 180

8章 ブロックチェーンの活用とWeb3

8.1 ブロックチェーンと暗号資産 ・・・・・・・・・・・・・・・・・・・・・・・・・・ 185

8.2 ステーブルコイン ・・・・・・・・・・・・・・・・・・・・・・・・・・・・・・・・・・ 192

8.3 デジタル証券（セキュリティ・トークン）・・・・・・・・・・・・・・・・・ 195

8.4 CBDC ・・ 198

8.5 DAO ・・ 203

8.6 NFT ・・ 205

コラム：FinTech から金融 DX へ ・・・・・・・・・・・・・・・・・・・・・・・・・・ 212

9章 情報セキュリティ

9.1 脅威の高まり ･････････････････････････ 217

9.2 不正送金 ･･･････････････････････････ 221

9.3 内部不正 ･･･････････････････････････ 222

9.4 サイバー攻撃 ･･･････････････････････ 224

9.5 多要素認証 ･･･････････････････････ 227

9.6 セキュリティ・バイ・デザイン ･･･････････････ 229

9.7 金融分野におけるサイバーセキュリティに関するガイドライン ･･ 231

10章 マネー・ローンダリング対応

10.1 AML（アンチマネー・ローンダリング） ･････････ 243

10.2 FATF 勧告と対応 ･･･････････････････ 247

10.3 eKYC（デジタルでの本人確認） ････････････ 250

あとがき ･････････････････････････ 254

索引 ･････････････････････････ 256

金融ITシステムと
リスクマネジメント

本章では、本書で取り扱うわが国の金融 IT システムとそのリスクマネジメントの重要性について説明します。

1.1　金融、金融システム、金融 IT システム

　この節では、金融、金融システム、金融 IT システムについて説明します。

　最初に金融についてです。金融は、「お金の融通」のことです。ある時点でお金が余っている主体（資金供給者）からお金が必要な主体（資金需要者）にお金を融通する橋渡しをするのが、金融の役割です。金融には橋渡しのやり方によって 2 つの形態があります。第一は間接金融、第二は直接金融です。

　第一の間接金融とは、橋渡しをする金融事業者（主に銀行に代表される預金取扱等金融機関）が、資金供給者には資金需要者が誰なのかを開示せずに、金融事業者が意思決定して、資金を融通する形態です。代表的な商品は、資金供給者から見ると預金であり、資金需要者から見ると融資となります。あくまで融通なので、ある時期になったら、資金需要者は、お金を返すことが求められます。しかしながら、お金が仮に戻ってこない場合も、金融機関の責任で資金供給者にお金を返すことになります。資金供給者は、金融機関を信用してお金を預け、実際にどこにお金が融通されたかは最後まで知らされません。よって間接的にお金を提供しているだけなので、間接金融と言います。

　第二の直接金融とは、相手方の資金需要者が誰なのかを知った上で、資金供給者の意思決定により、資金を提供するもので、資金の受渡しだ

- 3 -

けを金融事業者(主に証券会社)が行います。代表的な商品としては、株式や社債、公共債です。仮に資金需要者が資金を返すことができなくなった場合、受渡しをした金融事業者は責任を負わず、お金は返ってきません。

　次は金融システムについてです。わが国の金融システムは、間接金融中心の銀行部門と直接金融が中心の市場部門に大別することができます。なおここでの金融システムとは、ITシステムのことではなく、法律や制度、規制を含めた金融全体の仕組みや体系のことです。金融システムに関する法律や制度、規制は、国によって異なりますが、本書では

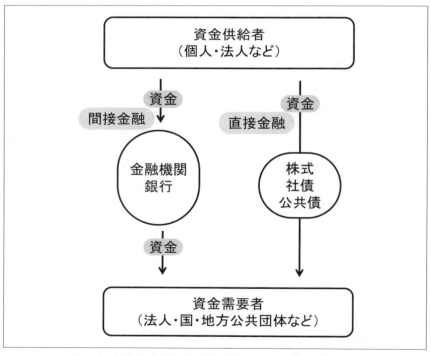

〔図1-1〕直接金融と間接金融(各種資料を元に筆者作成)

わが国の金融システムを前提に説明を進めていきます。

　銀行部門の主体となっているのは、銀行、信託銀行、協同組織金融機関、生命保険会社、損害保険会社、クレジットカード会社、信販会社、消費者金融会社、ゆうちょ銀行、かんぽ生命などです。

　一方、市場部門の主体となっているのは、証券会社です。証券会社の中には、店舗を構えて営業担当がいるような従来型の証券会社と、店舗をあえて持たず、オンライン取引に特化しているオンライン証券があります。

　ここで注意しなければいけないのは、銀行部門の銀行でも、市場部門に分類できるような証券関連の業務を行っていることです。また証券会社でも、系列の銀行を持つケースや、証券投資の準備としての預り金を保有することがあります。このように主体別に見ると、銀行部門と市場部門の両方に跨っていることがあります。

　それでは、金融ITシステムとは何でしょうか。金融システムでは、大量のトランザクション（取引）が行われており、それをリアルタイムで処理するためにはITシステムが必要となります。更に金融ITシステムは、様々な情報を持っており、それらを活用して取引主体の生活や事業を支えています。このようなITシステムが、本書の主題となる金融ITシステムです。

　金融ITシステムを運営している事業者の業態は様々です。先ほど説明した銀行部門と市場部門の切り口と、個別金融機関（事業者）と金融機関（事業者）のネットワークという切り口で分類してみましょう（表1-1）。

　第一は、銀行部門の個別金融機関（事業者）のITシステムです。それぞれの組織体が金融ITシステムを構築して運用しています。

1章　金融ITシステムとリスクマネジメント

[表 1-1] 金融 IT システムの概観（遠藤 2016）

	個別金融機関（事業者）	金融機関（事業者）相互のネットワーク
銀行部門	銀行、信託銀行、協同組織金融機関、生命保険、損害保険、クレジットカード、信販、消費者金融、ゆうちょ銀行、かんぽ生命保険	日銀ネット、全銀システム、国際的決済ネットワーク、CD/ATM ネットワーク、保険会社ネットワーク、個人信用情報機関、その他のネットワーク
市場部門	証券会社、オンライン証券	証券取引ネットワーク、証券取引所、取引所以外の有価証券流通市場、金融商品取引ネットワーク

　第二は、市場部門の個別金融事業者の IT システムです。こちらもそれぞれの組織体が金融 IT システムを構築して運用しています。

　第三は、銀行部門の相互ネットワークです。ある金融機関の顧客が別の金融機関に振込を行う際には、金融機関同士を仲介する機関が必要になります。国内の場合、それを担っているのは、日本銀行金融ネットワークシステム（日銀ネット）と全国銀行資金決済ネットワークが運営する全国銀行データ通信システム（全銀システム）です。国際送金では国際的な決済ネットワークで行っています。国内では、銀行間で CD（Cash Dispenser）が相互に利用可能ですが、これは、CD/ATM ネットワークが仲介する機関として機能しているからです。保険会社にもネットワークがあります。クレジットカード、信販会社、消費者金融では、相互に個人信用情報機関に情報を登録することで、多重債務者へのローン実施を抑止しています。

　第四は、市場部門の相互ネットワークです。ここには、証券取引ネットワーク、証券取引所、取引所以外の有価証券流通市場、金融商品取引ネットワークがあります。

　詳細な説明はここでは行いませんが、個別金融機関等のシステムと金融機関等相互のネットワークのシステムの一覧を表 1-2、表 1-3 で示します。

- 6 -

〔表 1-2〕個別金融機関等のシステム（令和6年度金融情報システム白書を元に作成）

業態	システム構成の概要
銀行	業務系システム（勘定系システム、資金証券系システム、国際系システム、対外接続系システムなど）、情報系システム、事務系システム（営業店システム、集中センターシステムなど）。デリバリーチャネルは、ATM、インターネットバンキング、コールセンター
信託銀行	銀行と同様のシステムに加え、財産管理系システム（年金信託システム、証券信託システム、証券代行システム）がある。デリバリーチャネルは、銀行と同様
協同組織金融機関	システム構成、デリバリーチャネルは銀行とほぼ同様。業態別に共同運営を行う。具体的には信用金庫のしんきん情報システムセンター、信用組合の全信組センター、労働金庫のアール・ワンシステム、農業協同組合の JASTEM システムである
生命保険会社	業務系システム（新契約、保険料収納、保険金支払い、契約管理など）、情報系システム、資産運用系システム。デリバリーチャネルは、インターネット、コールセンター
損害保険会社	契約管理システム、代理店システム、保険料収納・精算システム、損害サービスシステム、情報系（営業支援）システム、経理・会計システム、代理店登録管理システム、資産運用システム、海外システム
クレジットカード、信販会社	クレジットカード会社の場合、新規顧客の受付更新に関するシステム、カード利用・与信管理システム、売上処理システム・精算システム、債権管理に関するシステム。信販会社の場合、売上処理システム、個別信用購入あっせんに関するシステム。デリバリーチャネルは、CD/ATM、電話、インターネット
消費者金融	新規顧客の受付に関するシステム、カードの発行に関するシステム、債権管理に関するシステム、顧客情報更新システム。デリバリーチャネルは、自動契約機、CD/ATM、電話、インターネット
ゆうちょ銀行	第6次オンラインシステム（2023年5月から）。デリバリーチャネルは、ATM、ダイレクトバンキングサービス、各種アプリサービス（ゆうちょ Pay、ゆうちょ通帳アプリ、家計簿アプリ「ゆうちょレコ」）
かんぽ生命保険	業務処理系システム（契約保全、保険業務全般）、情報分析系システム、接続系システム、オープン系フロントシステム
証券会社 オンライン証券	業務系システム（注文・執行・約定処理システム、銘柄システム、部店・扱者システム、営業店事務処理システム、顧客管理システム、資金・決済システム、経営管理システム、コンプライアンスシステムなど）、情報系システム（投資情報システム、投資分析システム、銘柄情報システム、経済・金融情報システム、営業支援システム）、その他システム（国際系システム、対外接続系システム、ディーリング・トレーディングシステム、会計系システム、税務システム）。デリバリーチャネルは、ATM、インターネット、証券カード、コールセンター、金融商品仲介業者

1章　金融ITシステムとリスクマネジメント

〔表1-3〕金融機関等相互のネットワーク（令和6年版金融情報システム白書を元に作成）

ネットワーク	システム構成の概要、ネットワークの種類
日銀ネット	当座預金系システム（日銀ネット当預系）、国債系システム（日銀ネット国債系）
全銀システム	全国銀行データ通信システム（第7次全銀システム）、全銀EDIシステム
国際的決済ネットワーク	日銀ネットでの外国為替円決済制度、CLS[1]、SWIFT[2]
CD/ATMネットワーク	全国キャッシュサービス（MICS[3]）（業態別9ネットワークを接続）
その他のネットワーク	デビットカード、J-Debit、ペイジー収納サービス（マルチペイメントネットワーク）
保険会社ネットワーク	生保共同センター（LINC）、損害保険ネットワークシステム
個人信用情報機関	全国銀行個人信用情報センター、シー・アイ・シー、日本信用情報機構
証券取引ネットワーク	FIX（Financial Information eXchange）、証券保管振替機構（決済照合システム、株式等振替システム、一般債短期社債振替システム、投信振替システム）、証券クリアリング機構（金融商品取引清算・決済システム）
証券取引所	東京証券取引所（売買系システム、情報系システム、インフラ系システム、清算系システム）
取引所以外の有価証券流通市場	フェニックス銘柄の開示に関するシステム（銘柄情報開示システム、適時開示情報伝達システム）、取引所外取引の報告公表システム（PTS運営業務を含む）、債券店頭市場システム（国内債取引システム、取引情報配信システム）
金融商品取引ネットワーク	東京金融取引所（金利先物等取引システム、証拠金取引システム、FXクリアリング取引システム）、大阪取引所（先物・オプション等のデリバティブ商品に係わる売買システム「J-GATE」）、でんさいネット、電子債権記録機関のシステム

---

[1] Continuous Linked Settlement
[2] The Society for Worldwide Interbank Financial Telecommunication s.c.r.l
[3] Multi Integrated Cash Service

－ 8 －

1.2　金融ITシステムのリスク

リスクには、一般に2つの捉え方があります。

第一は、システム障害発生のようなマイナスの結果を生むリスク（専門用語では純粋リスクという）のみを指す捉え方です。

第二は、マイナスの結果を生むリスクに加えて、想定を超えるプラスの結果につながるようなリスク（専門用語では投機的リスクという）もリスクとして捉える捉え方です。本書ではリスクの二面性を意識して、この第二の捉え方を原則とします。すなわち、優れた金融ITシステムは、保有する組織体のビジネスを拡大伸長させていくからです。

金融ITシステムのリスクは、オペレーショナルリスク、ビジネスリスク、戦略リスク、風評リスク、法務・規制リスク、市場リスク、信用リスク、流動性リスクの8つのカテゴリーに分類できます（表1-4）。これは、ミシェル・クルーイらの「リスクマネジメントの本質」の分類に沿っています。

8つのカテゴリーのうち、5つ（オペレーショナルリスク、ビジネスリスク、戦略リスク、風評リスク、法務・規制リスク）は金融ITシステム自体が外部から評価されるタイプです。残りの3つ（市場リスク、信用リスク、流動性リスク）は、金融ITシステムが経営判断を支援するタイプです。

－9－

🏛 1章　金融ITシステムとリスクマネジメント

〔表1-4〕金融ITシステムのリスク（遠藤2016による）

金融ITシステムとの関係でのタイプ	リスクカテゴリー	リスク内容（純粋リスク）
Ⅰ.金融ITシステム自体が、外部から直接評価されるタイプ	オペレーショナルリスク	システム障害、情報漏洩、事務ミス、不正
	ビジネスリスク	顧客ニーズとの不適合、提供タイミングを逃す
	戦略リスク	投資途上での中断、利用されないシステム、二重投資の発生
	風評リスク	企業イメージの低下や信用の低下による競合への取引流出
	法務・規制リスク	契約が法律や規制と合致しないことで、損害を受けるリスク
Ⅱ.金融ITシステムが経営判断を支援するタイプ	市場リスク	金融市場における価格・相場の変化で資産の価値が減少する
	信用リスク	カウンターパーティの信用力劣化により資産の価値が減少する
	流動性リスク	市場で市場価格での決済や資金調達取引ができない

1.3 リスクマネジメント

　リスクマネジメントとは、「リスクに関して組織を指揮し統制する調整された活動」として捉えることができます。

　本書では、前節で述べたリスクの二面性に対応して、リスクマネジメントを2種類の意味で用いています。広義のリスクマネジメントと狭義のリスクマネジメントです。

　まず、広義のリスクマネジメントは、マイナスの結果を生むリスク（純粋リスク）と、プラスの側面につながるリスク（投機的リスク）の両面を勘案したリスクマネジメントのことであり、経営や経営戦略 とも密接にかかわるものです。

　広義のリスクマネジメントを行う意味で使われる概念に、「リスクアペタイトフレームワーク」があります。リスクアペタイトとは、「リスク選好」のことであり、リスクを積極的に取る（リスクテイクする）ことを前提にした用語です。いかにリスクを取って収益を上げるかをマネジメントする趣旨であり、経営一般に関しても、いかにリスクを取るかという視点で用いられます。

　リスクアペタイトフレームワークの特徴は、第一にリスクの概念を広く捉える点、第二に将来のリスク量を予測する点、第三にリスクテイクの方針を見える化してステークホルダー間で共有することです。積極的なITシステムの活用によるDX（デジタルトランスフォーメーション）の実現にも適用できる概念です。

　一方、狭義のリスクマネジメントは、システム障害、システム性能不十分、システム開発プロジェクトの失敗などのマイナスの事象を防止す

－ 11 －

血 1章 金融ITシステムとリスクマネジメント

るためのマネジメントとして定義します。

　ITシステムの担当者は、ともするとシステム障害発生を未然に防ぐなどの、狭義のリスクマネジメントにフォーカスしがちですが、今後は広義のリスクマネジメントやリスクアペタイトフレームワークも意識した形でのリスクマネジメントが求められると考えます。

1.4　事業継続計画と
　　　オペレーショナル・レジリエンス

　さて、金融ITシステムがその重要性を増す中で、運営する組織や主体にとって、万が一に備えることが重要になります。そのための概念として、事業継続計画（BCP: Business Continuity Plan）とオペレーショナル・レジリエンスの考え方があります。

　事業継続計画とは、企業がテロや災害、システム障害や不祥事といった危機的状況下に置かれた場合でも、重要な業務が継続できる方策を用意し、生き延びることができるようにしておくための戦略を記述した計画書です。要すればリスク事象発生後の対応計画です。

　一方、オペレーショナル・レジリエンスは、システム障害、テロやサイバー攻撃、感染症、自然災害などの事象が発生しても、重要な業務を最低限維持すべき水準（耐性度）において、提供し続ける能力のことです。そしてこのオペレーショナル・レジリエンスを高めることが、現在金融関連の事業体では求められているのです。

　事業継続計画が、発生後の手順を定めておくことに重点が置かれているのに対し、オペレーショナル・レジリエンスを高める取り組みは、更に進んで、対応できるような社内外の業務プロセスの相互連関性をマッピングして、必要な経営資源（ヒト・モノ・カネ）を平時から準備し、訓練やテストなどで見直し続けていくというものです。平時から、経営戦略の一環として、総合的に業務と経営資源配分を整備していくという継続的取り組みを推奨しています。

　しかしながら、すべての業務を非常時に復旧することは不可能ですの

で、金融庁からは、4段階を繰り返すことでレジリエンスを高めていくことが、提案されています（図1-2）。

　第一段階は、「重要な業務」の特定です。ここではその業務の中断が金融システムの安定や利用者の日常生活に著しい悪影響を生じさせる恐れのある金融サービスを特定します。

　第二段階は、「耐性度」の特定です。第一段階で特定した重要な業務に関して、最低限維持すべき水準である耐性度を設定します。組織内での共有を行うことが必須ですが、外部のステークホルダーへの共有も望ましいと考えます。

　第三段階は、相互連関性のマッピングと必要な経営資源の確保です。重要な業務の耐性度を確保するために必要な組織内外の経営資源を特定し、それらの相互連関性や相互依存度をマッピングの上、必要な投資を

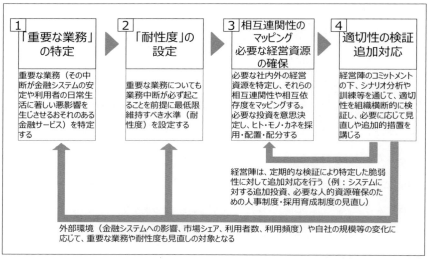

〔図1-2〕オペレーショナル・レジリエンス確保の4段階
（金融庁2023を元に筆者作成）

意思決定し、経営資源（ヒト・モノ・カネ）の配分を行う段階です。トップマネジメントの経営レベルでの判断が不可欠です。

　第四段階は、適切性の検証と追加対応です。訓練や机上での分析を通じて適切性を組織横断的に検証して、見直しを行う段階です。見直しや追加的な措置が必要な場合、第三段階に戻って投資や経営資源配分を行います。

　さらに第一段階の重要な業務や第二段階の耐性度も内外の環境の変化に応じて見直していきます。また、オペレーショナル・レジリエンスの考え方はまだ新しい考え方のため、継続的な取り組みを行うための知見はこれから蓄積していきますが、ITシステムの企画設計段階から運用保守に携わる場合、停止中断時の対応も含めて考えていく必要があります。

1.5　システム障害対策の4つの観点

　オペレーショナル・レジリエンスの中で、大きな比重を占めるのが、ITレジリエンス確保のためのシステム障害対策です。システム障害を全く発生させないということは現実的ではありません。そこで、システム障害発生の防止を行うと同時に、システム障害の発生を想定した準備をしておくことも重要であり、この両面の対策が必要になります。そこで、ITレジリエンスを高めるために、システム障害対策で欠かせない4つの観点を示します（表1-5）。4つの観点とは、予防、検知、代替、復旧の4点です。

　第一の予防については、障害の未然防止策です。障害が起きにくいシステムの設計や運用の設計を行うことが求められます。投資金額にも関わりますので、計画段階からの考慮が必要です。例えばセンター二重化のように冗長性を持たせたシステム構成を行うことや、いわゆるセキュリティ・バイ・デザインのような設計段階からセキュリティ対策を考慮した設計を行うことが挙げられます。

　第二の検知については、システムでの異常な状況の発生を、利用者が気づかないうちに発見し、大きな障害になる前に対応を行うことがポイントとなります。サイバー攻撃に対する対応として特にこの点が重要です。またシステムダウンの場合は、原因箇所を早期に発見することで、障害の影響範囲を極小化することを目指します。

　第三の代替については、システム障害の発生箇所を避けつつ、別の手段で利用者へのサービス提供を継続することです。システムの障害を意識した事業継続計画（BCP：Business Continuity Plan）を事前に策定して

〔表 1-5〕システム障害対策の 4 つの観点（大和総研 2022 を元に筆者作成）

対策種類	説明
予防	障害が起きにくい設計を行う、システム投資の計画段階からの考慮が必要
検知	システムの異常やシステムダウンの原因を、早期に発見して対処する
代替	別の手段でサービス提供を継続し、利用者への影響を最小化する
復旧	障害箇所をバイパスする暫定対処と完全な修正を行う本格対処がある

おくことが必要になります。障害の復旧までの間、代替機能により、利用者の不便をいかに軽減するかという視点が重要です。策定したうえで、実際に関係者間で訓練しておくことで、有効性を検証することが望まれます。

　第四の復旧については、障害発生箇所をバイパスするような形での暫定対処と、障害発生箇所を本来の機能が満たされるように修正する本格対処の 2 つがあります。本格対処での復旧には確認や検証に時間がかかる場合があり、一旦は暫定対処の復旧で対処することを検討する必要があります。

1.6　金融 IT システム関連の民間団体

本節では、国内の金融 IT システム関連の民間団体を紹介します。

具体的には、金融情報システムセンター（FISC：The Center for Financial Industry Information Systems）、金融情報システム監査等協議会（FISAC：The Financial Industry Information Systems Audit Council）、 金 融 ISAC（Financials ISAC Japan[4]）、金融データ活用推進協会（FDUA：Financial Data Utilizing Association）、金融 IT 協会（FITA）があります（表 1-6）。

金融情報システムセンター（FISC）は、1984 年 11 月に設立され、金融機関、保険会社、証券会社、コンピュータメーカー、情報処理会社などの 675 機関が会員となっています（2024 年 8 月 8 日現在）。活動としては、金融情報システムに関する諸問題（技術、利活用、管理態勢、脅威と防衛策など）の調査研究を行っています。『金融機関等コンピュータシステムの安全対策基準』などの金融機関向けのガイドラインや各種刊行物を発行しています。

金融情報システム監査等協議会（FISAC）は、1987 年 12 月に設立され、FISC 会員企業や学術機関に所属する個人が会員となっています。金融情報システムセンターを事務局とする金融分野のシステム監査に特化した研究会です。当初、システム監査の普及を目的として、システム監査普及連絡協議会（普連協）という名称でしたが、2019 年 10 月に現在の金融情報システム監査等協議会に名称変更されました。

金融 ISAC は、2014 年 8 月に設立され、金融機関、証券会社、保険会社、クレジットカード会社、消費者金融など 434 社の正会員とセキュリティベンダーなど 28 社のアフリエイト会員が参画しています（2024 年 10 月

---

[4] ISAC は、Information Sharing and Analysis Center の略

〔表 1-6〕金融 IT システム関連の民間団体（筆者作成）

団体名（設立年月）	参画社数	主たる活動概要
金融情報システムセンター（1984 年 11 月設立）	675	金融情報システムに関する諸問題（技術、利活用、管理態勢、脅威と防衛策など）の調査研究、『金融機関等コンピュータシステムの安全対策基準』などのガイドラインや各種刊行物発行
金融情報システム監査等協議会（1987 年 12 月設立）	個人のみ	金融情報システムセンターを事務局とする金融分野のシステム監査に特化した研究会
金融 ISAC（2014 年 8 月設立）	434	サイバーセキュリティに特化して、会員間の情報共有、13 種類のワーキンググループ活動、共同サイバー演習
金融データ活用推進協会（2022 年 4 月設立）	328	金融業界を中心とした AI 及びデータの利活用促進と人材育成に関する事業、AI 活用関連書籍、金融生成 AI 実務ハンドブック、金融生成 AI ガイドラインの発行
金融 IT 協会（2024 年 1 月体制一新）	134	IT の民主化をミッションとしたコミュニティの提供、金融機関と IT ベンダーの連携促進、金融 IT 検定などの人材育成

2 日現在）。活動としては、サイバーセキュリティに特化して、会員間の情報共有、13 種類のワーキンググループ活動、共同サイバー演習などを行っています。

　金融データ活用推進協会（FDUA）は、2022 年 4 月に設立され、金融事業会社と AI スタートアップを中心に 328 社の会員が参画しています（2024 年 10 月 11 日現在）。活動は、金融業界を中心とした AI 及びデータの利活用促進と人材育成に関する事業を行っています。AI 活用関連書籍や、金融生成 AI 実務ハンドブック、金融生成 AI ガイドラインを発行しています（7.1 節、7.5 節で詳説）。

　金融 IT 協会（FITA）は、2024 年 1 月に前身組織である金融 IT たくみ s の体制を一新してスタートし、金融機関と IT ベンダー企業を中心に 134 機関の会員が参画しています（2024 年 10 月 1 日現在）。活動は、IT の民主化をミッションとしたコミュニティの提供、金融機関と IT ベンダーの連携促進、金融 IT 検定などの人材育成に係る事業を行っています。

参考文献

- 遠藤正之（2016）「金融情報システムのリスクマネジメント」日科技連出版社
- ミシェル・クルーイ他（2015）「リスクマネジメントの本質第2版」共立出版
- 金融情報システムセンター（2023）「令和6年度版金融情報システム白書」
- 金融庁（2023）「オペレーショナル・レジリエンス確保に向けた基本的な考え方」
  https://www.fsa.go.jp/news/r4/ginkou/20230427/02.pdf
- 遠藤正之（2024）「全銀システム障害から学ぶITレジリエンス確保の要諦」『金融財政事情 2024.3.26 特集再考オペレーショナル・レジリエンス』
- 大和総研（2022）「ITレジリエンスの教科書」翔泳社
- 金融情報システムセンター（FISC）
  https://www.fisc.or.jp/
- 金融情報システム監査等協議会（FISAC）
  https://www.fisc.or.jp/sysaud/
- 金融 ISAC
  https://www.f-isac.jp/
- 金融データ活用推進協会（FDUA）
  https://www.fdua.org/
- 金融IT協会（FITA）
  https://fita.or.jp/

2章

銀行のITシステム

2.1 預金取扱等金融機関

　本章では、個別金融機関である銀行のITシステムについて説明していきます。銀行を営むには、顧客から預金を預かることができるという免許を、金融当局から得る必要があります。この免許は、銀行を含めた預金取扱等金融機関にだけ与えられたものです。預金取扱等金融機関に含まれる金融機関を示したのが、図2-1です。預金取扱等金融機関としては、銀行以外に協同組織金融機関があります。銀行には、都市銀行、地方銀行、信託銀行、その他（インターネット専業銀行など）などの分類があります。協同組織金融機関には、信用金庫、信用組合、労働金庫、系統金融機関（農林中央金庫、農業協同組合や漁業協同組合の各都道府県の連合会）があります。なお、信託については、主として信託銀行が

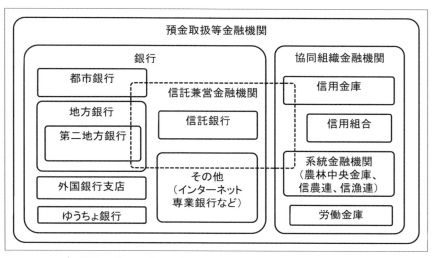

〔図2-1〕わが国の預金取扱等金融機関（筆者作成）

2章　銀行のITシステム

銀行業務と併せ持つ業務ですが、預金とは別に金融当局の認可が必要になります。都市銀行、地方銀行、協同組織金融機関の一部でも信託機能の認可を得ているケースがあり、点線で囲んでいます。本章では、預金取扱等金融機関の代表として、銀行、とりわけ都市銀行及び地方銀行のITシステムを想定して説明しますが、他の預金取扱等金融機関でも同様のITシステムが利用されていますので、そのような金融機関のITシステムに携わる場合も本章を参考にしていただければと思います。

2.2 銀行の３大業務

　銀行の３大業務は、銀行法10条にも規定されている預金、貸出、為替です。本節では、この３大業務について説明していきます。

　第一の預金業務は、個人や会社などからお金を預かる業務です。会社の決済用の当座預金を除き、預かったお金には利子を付けます。引出しを求められた場合、必ず払戻しを行うことが求められます。預金には様々な種類があります（表2-1）。

　大きく分けると、流動性預金と定期性預金があります。流動性預金は、預入期間の定めがなく、いつでも入出金できます。代表的な流動性預金は、普通預金と当座預金です。当座預金は、法人などの事業者が決済に活用するための預金種類で、小切手や手形を発行することができる一方、利息を付けることが禁止されています。普通預金は、個人法人を問わず一般に利用している預金で、利息を付けることができ、給与や年金の振り込みや、クレジットカードや公共料金などの自動引き落としが設定で

〔表2-1〕預金業務（筆者作成）

大分類	種類	説明
流動性預金	預入期間の定めがなく、いつでも入出金可能	
	当座預金	法人などの事業者が決済に活用、付利禁止
	普通預金	個人法人を問わず一般に利用、付利あり
定期性預金	預入期間の定めがあり、出金に制約がある	
	定期預金	１ヶ月以上10年までの期間を設定し、満期までの保有を前提に普通預金より高い利息を付利
	通知預金	７日間の据置き期間後は、２営業日前に通知すればいつでも解約可能
	定期積金	積立期間を決めて定期的に掛金を払込み、満期日にまとまった給付金を受取る商品。信用金庫、信用組合、農業協同組合で取扱い

－ 25 －

2章　銀行のITシステム

きます。

一方、定期性預金は、預入期間の定めがあり、出金に制約がある預金です。代表的な定期性預金には、定期預金、通知預金、定期積金があります。定期預金は1ヶ月以上10年までの期間を設定し、満期までの保有を前提に普通預金より高い利息が付けられます。ただし、満期前に解約すると普通預金並みの金利となります。

通知預金とは、まとまった資金を短期間預ける場合に利用できる預金です。7日間の据置き期間後は、2営業日前に通知すればいつでも解約ができます。普通預金よりも有利な金利が適用されることがあります。ただし低金利の状況では普通預金と同じ金利が適用されるケースが多いようです。

定期積金は、信用金庫、信用組合、農業協同組合などで扱われています。積立期間を決めて定期的に掛金を払込み、満期日にまとまった給付金を受取る商品です。

預金保険制度の対象としての預金ですが、対象とならない預金があることも留意が必要です。

当座預金のような決済用の預金は全額保護される一方、利息が付く普通預金や定期預金などは、金融機関ごとに元本1000万円までの保証となります。預金保険制度の対象とならない預金としては、外貨預金などがあります。

第二の貸出業務は、お金を必要としている個人や会社に融資を行う業務です。銀行は融資した個人や会社から利子を受け取ります。貸出業務で得る利子と、預金業務で付ける利子の差額が銀行の収益になります。すべての預金者が一斉に引出しをしないということが前提にあるのです。

貸出業務の商品には、手形貸付、証書貸付、商業手形割引、当座貸越などがあります（表2-2）。

　手形貸付は、借入希望の企業や個人が、銀行に、満期日を記載した約束手形を差し入れる形態で行われるもので主に1年以内の貸付です。

　証書貸付は、借入希望の企業や個人が、銀行との間に契約書（金銭消費貸借契約証書）を取り交わして行う貸付です。

　商業手形割引は、企業や個人が取引先から売上代金回収のために受け取った手形を、支払期日の前に、利息相当を差し引いて銀行が買い取る形での貸付です。なお、政府は2026年までの約束手形の利用廃止と小切手の全面的な電子化の方針を示しています。その方針の下、紙の手形から電子記録債権への移行が進んでいます。商業手形割引も電子記録債権を利用した割引に移行していくことになります。

　当座貸越は、銀行が企業や個人に借入限度額を事前に設定し、その金額範囲内であれば、使途自由で反復して、貸越の利用可能な貸付形態です。

　第三の為替業務は、会社や個人などの依頼に基づいて、お金を送金したり受け取ったりする業務です。送金側と受け取る側のそれぞれの銀行の預金口座の残高を変更することを行います。送金側と受け取る側の双方が預金をしているということが前提としてあります。国内での為替業

〔表2-2〕貸出業務（筆者作成）

種類	説明
手形貸付	銀行に、満期日を記載した約束手形を差し入れる形態での貸付
証書貸付	銀行との間に金銭消費貸借契約証書を取り交わして行う貸付
商業手形割引	取引先から売上代金回収のために受け取った約束手形を、支払期日の前に、利息相当を差し引いて銀行が買い取る形での貸付、2026年の約束手形廃止方針を受け、電子記録債権への移行が進んでいる
当座貸越	銀行が企業や個人に借入限度額を事前に設定し、その金額範囲内であれば、使途自由で反復して、貸越の利用可能な貸付形態

🏛 2章　銀行のITシステム

〔表2-3〕為替業務（筆者作成）

種類	説明
内国為替	国内での為替業務。全国銀行データ通信システム（全銀システム）と日本銀行のシステムで集中的に送金決済
外国為替	外国との為替業務。相互に預金口座を持ちあうコルレス銀行（中継銀行）間で送金決済

務は、内国為替といって、全国銀行データ通信システム（全銀システム）と日本銀行のシステムで集中的に送金決済が行われています。外国との為替業務は、外国為替と言いますが、集中的に行う機関がないため、相互に預金口座を持ち合っている銀行間で送金決済が行われています。相互に預金口座を持ち会う銀行のことを、コルレス銀行（中継銀行）と呼んでいます（表2-3）。

　この3つの業務は、銀行の固有の業務です。それ以外に銀行法では様々な業務を行えることが規定されています。それ以外の業務については、銀行法の改正により、増えてきましたが、2021年までは、書かれている業務以外はできないという規制がありました。これは、銀行の経営の安定性を保つための規制でした。「楽天は銀行を持てるが、銀行は楽天を持てない」と言った比喩がありますが、他の一般事業者に比べて、業務に制約があることを認識する必要があります。2021年の銀行法改正で、他業の個別列挙は廃止されましたが、新しい業務を行う会社を設立する場合、金融当局の認可が必要になりますので、一定の規制が残っていると言えます。

- 28 -

2.3 銀行の3大機能（資金仲介機能、信用創造機能、資金決済機能）

　本節では、銀行の3大業務を利用した3大機能について、説明していきます。3大機能とは、資金仲介機能、信用創造機能、資金決済機能です。

　第一の資金仲介機能は、銀行が不特定多数の個人や会社から資金を受け入れ、資金を必要としている個人や法人に対して、融資や投資の形で資金を提供する機能です。3大業務との関係では、主として預金業務と貸出業務を利用して行われます。

　第二の信用創造機能は、銀行が預金の一部を手元に残したうえで、残りのお金を貸出に回し、貸出のお金が預金されることを連鎖的に繰り返すことで、金融界全体で見ると、預金通貨が新しく産み出されていく機能を言います。ある個人が使わない100万円をX銀行に預金したとします。銀行は、ただ預かっているだけでは預金利息を支払うと赤字になってしまうので、90万円の支払い資金を必要としている法人Aに貸し出します。法人Aの支払先の法人Bでは、すぐに使わないと仮定すると90万円の資金をY銀行に預金します。その結果、X銀行の100万円の預金とY銀行の90万円の預金の合計で、銀行界全体で見ると、預金総額は190万円となります。さらにY銀行は、90万円の預金を元に、81万円の融資を行っていきます。この繰り返しで預金通貨が当初の資金を超えて産み出されていくことを、信用創造機能と言います（表2-4）。その前提として、預金が一斉に引き出されることはないということ、すなわち銀行に信用があることが実は重要なポイントとなります。3大業務との関係では、主として預金業務と貸出業務を利用して行われます。

－ 29 －

2章　銀行のITシステム

〔表2-4〕信用創造機能のメカニズム（筆者作成）

銀行の行動（手元資金の9割を融資する前提）	預金通貨発生	預金通貨総量
当初預金を受け入れる	100万円	100万円
9割を融資→代金支払先の銀行で全額預金	90万円	190万円
9割を融資→代金支払先の銀行で全額預金	81万円	271万円
9割を融資→代金支払先の銀行で全額預金	72万円	343万円
9割を融資→代金支払先の銀行で全額預金	64万円	407万円
9割を融資→代金支払先の銀行で全額預金	57万円	464万円
9割を融資→代金支払先の銀行で全額預金	51万円	515万円
9割を融資→代金支払先の銀行で全額預金	45万円	560万円
9割を融資→代金支払先の銀行で全額預金	40万円	600万円
9割を融資→代金支払先の銀行で全額預金	36万円	636万円
9割を融資→代金支払先の銀行で全額預金	32万円	668万円
以下同じように続く		

　第三の資金決済機能は、振込送金、公共料金の口座振替、クレジットカード利用代金の自動引き落としなど、現金を用いずに資金を決済する機能です。代金を支払う側から振込送金するパターンと、支払いを受ける側から請求が来て、口座から引き落とされるパターンとがあります。3大業務との関係では、為替業務を利用して行われます。国内で代金を支払う側から振込送金を行うパターンを図示したのが、図2-2です。異なる銀行取引をしている顧客間の振込については、情報システムのネットワークで振込指図が送られ、実際の資金決済については、両方の銀行の日本銀行の当座預金の振替で決済をしています。この振込指図を行う情報システムのネットワークが全銀システムで、資金決済をするのが日本銀行であり、どちらかの機能が欠けても国内での資金決済機能は成り立ちません。外国の銀行との決済に関しては、日本銀行のような、誰もが認める絶対的な中央銀行が無いので、有力銀行間で口座を持ち合って、決済を行っています。このような口座の持ち合いは、銀行間のコルレス契約により行われます。コルレス契約とは、外国にある銀行との間で為

－ 30 －

替取引を行うために口座を持ち合う契約です。

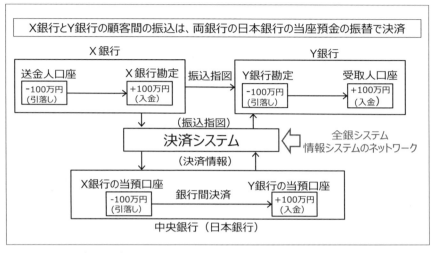

〔図 2-2〕送金振込による資金決済機能（筆者作成）

2.4 勘定系システムと
地方銀行のシステム共同化

　銀行の基幹システムである勘定系システムは、銀行の3大業務である預金、貸出、為替などを含んだ業務処理機能を担っています。銀行の勘定系システムは、1965年頃からの第一次オンライン、1975年頃からの第二次オンライン、1985年頃からの第三次オンラインと発展してきました。第一次オンラインシステムでは、預金などの勘定科目別のオンライン化が行われました。第二次オンラインシステムでは、主要な勘定科目間の連動処理や、CD（Cash Dispenser）の銀行間連携が進められました。第三次オンラインシステムでは、対象業務範囲の拡大、対顧客ネットワークの充実、収益管理、顧客管理などの情報機能の充実が図られました。

　典型的な第三次オンラインシステムは、メインフレームコンピュータと営業店や本部での端末から成り立っています。

　第三次オンラインシステムでは勘定系システムに、勘定科目のオンライン化のみならず、多くの業務機能が盛り込まれ、巨大化複雑化しました。第三次オンラインシステムまでは、多くの銀行が同じような進化を遂げましたが、その後は、全面的なシステムの更改という形ではなく、勘定系システムの外側に、クライアントサーバ型のシステムやクラウドコンピューティングを利用したシステムを構築する形が主に取られました。2020年代になっても、勘定系システム自体は、第三次オンラインシステムのメインフレームコンピュータが利用され続けているケースも多くあります。

大手都市銀行の状況を説明します。三菱 UFJ 銀行では、旧三菱銀行ベースの勘定系システムが稼働中で、2031 年頃までに刷新を行う計画です。三井住友銀行では、旧住友銀行ベースの勘定系システムが稼働中ですが、メインフレームとオープン系を組み合わせた形での新勘定系システムに 2025 年度に刷新予定です。みずほ銀行では、2019 年に、メインフレームの新勘定系システム「MINORI」に移行済です。

　地方銀行などでも、各金融機関が個別にシステムを構築していましたが、システムの開発や運用コストを複数金融機関で分担するという考え方から、共同化が進んでいきました。わが国の金融機関のシステム共同化は、1977 年に九州の相互銀行（現在の第二地方銀行）8 行で稼働した相銀九州共同オンラインセンター（現システムバンキング九州共同センター：SBK）に始まります。続いて信用金庫業界の共同化が行われるなど、当初は、中小規模の金融機関の共同化が行われました。しかし、1999 年頃になると大手中堅規模の地方銀行を巻き込んだシステム共同化の動きが活発となります。これは、1990 年代後半の金融システム危機の後、都市銀行の再編が進行するなかで、地方銀行は地域に根ざした基盤を各々が保有することから、大きな再編は免れたものの、新規 IT 投資の負担の削減が経営課題となったことに呼応したものです。

　その中でも、NTT データが京都銀行と進めた「地銀共同センター」は、地銀中堅を巻き込んだ 15 行（現在は 13 行）による共同利用型センターとなりました。他に代表的なものだけでも、以下の共同化が続いています（参加行の詳細は表 2-5）。

・BIPROGY によるオープン系ないしクラウド利用の「BankVision」(11 行)
・きらぼし銀行等の中位下位地方銀行向けに NTT データが展開する

🏛 2章　銀行のITシステム

「STELLACUBE」（11 行）

・荘内銀行がフィデアホールディングス設立を機に地銀共同センターから分派し、その後 SBK の各銀行でも採用した「BeSTAcloud」（10 行）
・主に第二地方銀行向けに日立製作所が提供する NEXTBASE（12 行）
・八十二銀行のシステムを展開する「じゅうだん会」（日本列島を縦断する共同化との趣旨、7 行）
・三菱 UFJ 銀行（当初東京三菱銀行）のシステムを利用する「Chance」（8 行）
・千葉銀行中心のアライアンスである「TSUBASA」（5 行）
・横浜銀行主体で、北海道銀行、北陸銀行、七十七銀行、東日本銀行が参画する「MEJAR」（5 行）
・ふくおかフィナンシャルグループと広島銀行の共同化である「Flight21」（4 行）

- 34 -

〔表2-5〕地方銀行のシステム共同化（筆者作成）

名称	ベンダー	参加行（含未稼働）	特色
地銀共同センター	NTTデータ（ハードは日立）	京都、千葉興業、岩手、池田泉州、愛知、福井、青森、秋田、四国、鳥取、西日本シティ、大分、山陰合同（13行）	京都銀行がファーストユーザー、共同化最大勢力
STELLACUBE	NTTデータ（ハードは日立）	きらぼし、富山、但馬、長野、東北、神奈川、仙台、きらやか、福邦、名古屋、清水（11行）	STARシリーズ第3世代
BeSTAcloud	NTTデータ（ハードは日立）	荘内、北都、あおぞら、福岡中央、佐賀共栄、長崎、豊和、宮崎太陽、南日本、沖縄海邦（10行）	荘内銀行がフィデアホールディングス設立を機に、地銀共同センターから分派
MEJAR	NTTデータ	横浜、北海道、北陸、七十七、東日本（5行）	横浜銀行が主体、2024年1月にオープン化
Chance	日本IBM	常陽、百十四、十六、南都、山口、北九州、もみじ、足利（8行）	三菱UFJ銀行のシステムがベース
じゅうだん会	日本IBM	八十二、阿波、山形、武蔵野、琉球、筑波、宮崎（7行）	八十二銀行のシステムを共同化
TSUBASA	日本IBM	千葉、第四北越、中国、北洋、東邦（5行）	千葉銀行中心のアライアンス
Flight21	日本IBM	福岡、広島、熊本、十八親和（4行）	ふくおかFGが中心、広島が2030年頃離脱
NEXTBASE	日立	徳島大正、香川、イオン、北日本、トマト、高知、栃木、中京、大光、三十三、静岡中央、大東（12行）	主に第二地銀向けNTTデータのBeSTAを採用
オープン勘定系（OPENSTAGE）	日立	肥後、みちのく（青森との統合で2025年1月離脱予定）、静岡、京葉（2025年1月）、滋賀（2027年以降）、伊予（2028年）（6行）	肥後、みちのくが先行、滋賀、京葉、伊予は、静岡銀行ベース
BankVision	BIPROGY	百五、筑邦、紀陽、佐賀、山梨中央、鹿児島、スルガ、北國、大垣共立、農林中金、西京（11行）	Windowsベースのフルバンキングシステムからクラウド化を指向

2.5 クラウド化の進展

　銀行の勘定系システムは、従来からのメインフレームコンピュータを利用するシステムが主流ですが、最近では、コンピュータシステムのハードに依存しないオープン型のシステムでの構築が行われるようになってきました。その最初の事例が、2007年に百五銀行で稼働した日本ユニシス（現・BIPROGY）のBankVisionです。その後、日立製作所でもオープン勘定系のシステムを2019年に肥後銀行、2021年に静岡銀行で稼働させました。NTTデータでも2024年1月に横浜銀行などの共同化システムMEJARでオープン化のシステムを稼働させました。

　2017年1月に、三菱UFJフィナンシャルグループ（MUFG）が、クラウド利用宣言を行ったことにより、多くの銀行で周辺システムからクラウドの活用が進みだしました。2021年ころからは、勘定系システムでのクラウド化が本格化してきました。BIPROGYのBankVisionでは、マイクロソフトが提供するパブリッククラウド上で稼働するBankVision on Azureが、2021年5月に北國銀行でリリースされ、紀陽銀行、山梨中央銀行、西京銀行が続いています。同じく2021年5月には、ふくおかフィナンシャルグループのインターネット専業銀行として新規開業したみんなの銀行では、勘定系を含めすべてのシステムをGoogle Cloud Platform上に新規構築しました。2024年7月には、福島銀行でフューチャーアーキテクトが開発したAmazon Web Service利用の次世代バンキングシステムが稼働し、島根銀行でも同じシステムを開発しています。2028年頃には地銀共同センターの13銀行がハイブリッドクラウド型のシステムに乗り換えるなど、多数の銀行でのクラウド化が進みつつあり

〔表2-6〕銀行勘定系システムのクラウド化（筆者作成）

開始年月日	銀行名	利用するクラウド	パートナー
【パブリッククラウド型】			
2021年5月3日	北國銀行	BankVision on Azure	BIPROGY
2021年5月28日	みんなの銀行	Google Cloud Platform	アクセンチュア
2022年10月10日	紀陽銀行	BankVision on Azure	BIPROGY
2023年2月	オリックス銀行	FUJITSU Cloud Service for OSS	富士通
2023年5月7日	山梨中央銀行	BankVision on Azure	BIPROGY
2024年5月6日	西京銀行	BankVision on Azure	BIPROGY
2024年7月16日	福島銀行	Amazon Web Service	フューチャーアーキテクト
2025年5月	ソニー銀行	Amazon Web Service	富士通 FBaaS
2025年	島根銀行	Amazon Web Service	フューチャーアーキテクト
2026年5月	朝日信用金庫	OptBAE2.0（Azure）	BIPROGY
2027年1月	京都信用金庫	OptBAE2.0（Azure）	BIPROGY
2027年頃から	静岡銀行	Amazon Web Service	日立
【ハイブリッドクラウド型】			
2011年1月	SBJ銀行	一部 Amazon Web Service	
2022年1月17日	UI銀行	一部 Amazon Web Service	
2028年頃	地銀共同センター（京都銀行など）	統合バンキングクラウド構想	NTTデータ
2030年頃	MEJAR（横浜銀行など）	統合バンキングクラウド構想	NTTデータ

ます（表2-6）。

　銀行勘定系システムの進化に関して、ハードウェア（基盤）でのメインフレームからオープン基盤、クラウドへの進化だけでなく、ソフトウェアの進化にも着目する必要があります（図2-3）。2024年時点でメガバンクでは、勘定系に関してクラウド化だけでなく、オープン基盤の利用も計画されていません。ただし、ソフトウェアのモダナイズや勘定系以外のオープン化やクラウド化は各行進められています。ソフトウェアのモダナイズの代表例は、みずほ銀行の勘定系システムです。みずほ銀行

－ 37 －

のシステムは、システム障害でも話題となりましたが、ソフトウェアの疎結合化を図る取り組みであった点は評価されます。

また静岡銀行が2021年1月に更改した勘定系システムは、オープン基盤上で預金・為替・融資といった基幹機能を部品化したソフトウェア構造で、OpenStageという勘定系システムパッケージとして、他の銀行に展開されています。

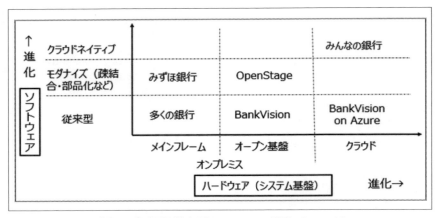

〔図2-3〕銀行勘定系システムの進化イメージ
（しずおかフィナンシャルグループ2023を元に筆者作成）

2.6 その他のサブシステム

　銀行の基幹システムには、勘定系システム以外に多くのサブシステムがあります。業務系システム、情報系システム、事務系システムがあります (表 2-7)。

　業務系システムには、勘定系システムも含まれますが、それ以外では、市場系システム、国際系システム、対外接続系システム、顧客向けチャネルなどがあります。

　市場系システムには、国債などの公社債市場やオプション先物などのデリバティブ市場での売買を行うシステムや、他の金融機関との短期資金の調達や供給を行うシステムがあります。国際系システムには、外国為替業務のシステム、海外拠点のシステムなどがあります。対外接続系システムには、銀行内のシステムから外部のネットワークや顧客のシステムに接続するシステムがあります。接続する相手方のシステムとしては、全銀システム、日銀ネット、SWIFT や統合 ATM などがあります。また顧客向けチャネルとしては、法人向けのファームバンキングや法人個人向けインターネットバンキングなどがあります。それ以外にも投資信託システムなど、3 大業務以外の業務のシステムは、勘定系システムとは別に構築されています。

　勘定系システムなどの業務系システムとは別に、業務推進面や管理面で重要となるのは、情報系システムです。経営者や管理者向けにデータを分析加工するシステムや、取引先担当者向けに顧客別の取引状況や管理収益を提供するシステムです。大別すると経営管理系、業務支援系、営業活動管理系、顧客管理系のシステムなどがあります。

2章　銀行のITシステム

〔表2-7〕銀行のその他サブシステム（筆者作成）

大分類	サブシステム	代表的な機能
業務系システム	市場系システム	公社債、デリバティブ
	国際系システム	外国為替業務、海外拠点
	対外接続系システム	外部ネットワーク（全銀システム、日銀ネットなど）や顧客チャネル（ファームバンキング、インターネットバンキングなど）への接続
情報系システム	経営管理系	収益管理、格付・自己査定
	業務支援系	稟議審査支援、不動産担保評価管理
	営業活動管理系	店別目標管理
	顧客管理系	マーケティング支援
事務系システム	営業店システム	営業店の事務処理
	集中センターシステム	集中センターの事務処理

　経営管理系は、部店別の収益管理を行うシステムや、融資先のリスクを格付し自己査定するためのシステムなどがあります。業務支援系は、融資案件の審査を行うための稟議審査支援システムや、不動産担保評価管理システムなどがあります。営業活動管理系では、店別目標管理システムがあります。顧客管理系では、見込み顧客を抽出するマーケティング支援システムなどがあります。

　事務系システムには、営業店での事務処理を行う営業店システムや、集中センターでの事務処理を行う集中センターシステムがあり、勘定系システムとも連携して、大量の事務処理を行っています。

- 40 -

2.7 インターネットバンキングとAPI開放

　昨今のインターネットやスマートフォンの普及に伴い、個人や企業がインターネット経由で取引を行う形態が増えてきています。営業店を持たず、インターネット経由のみに顧客チャネルを絞るような、インターネット専業銀行の形態も登場しています。

　インターネットバンキングでは、顧客は自宅や職場のパソコンやスマートフォンからインターネット経由で銀行に接続し、預金の残高照会、資金移動を行うことができます。さらに、投資信託の購入や各種の届出等の取扱いも可能な金融機関も増えてきています。

　2010年代には、複数の銀行取引を一覧できるようなサービスが多数

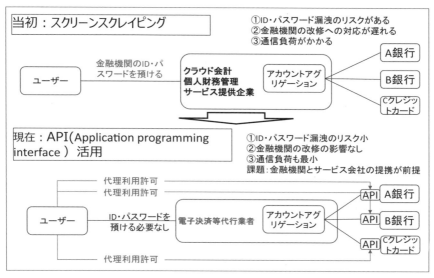

〔図2-4〕スクリーンスクレイピングとAPI活用（筆者作成）

登場してきました。このようなサービスをアカウントアグリゲーション
サービスといいます。代表的なサービス事業者としては、マネーフォワー
ド、freee のようなクラウド会計サービス事業者や同じくマネーフォワー
ド、Moneytree、Zaim のようないわゆる個人財務管理サービス事業者な
どがあります。

　このようなサービスを利用する際に最初に用いられたのは、顧客が
ID とパスワードをアカウントアグリゲーションサービス事業者に預け
る方式でした。このような方式をスクリーンスクレイピング方式と言い
ます。

　最近では、この顧客に成り代わって ID とパスワードを入力するスク
リーンスクレイピング方式から、API（アプリケーションプログラミン
グインターフェース）を用いて、金融機関への代理利用許可を得てアク
セスする方式への切替が行われました。

　背景には、スクリーンスクレイピング方式では、3 点の懸念点があっ
たことがあります（図 2-4）。第一に、顧客の ID・パスワードをアカウン
トアグリゲーションサービス事業者が預かる形になるため、漏洩のリス
クが高まることです。第二に金融機関側でシステムの改修が行われた場
合、対応が遅れることです。第三に、ユーザーの要望にすぐに対応でき
るように、アカウントアグリゲーションサービス事業者が、頻繁に接続
を行うことにより、金融機関側との通信負荷が増大する点です。

　これに対して、API での接続を行う方式では、ID・パスワードの漏洩
のリスクは少なく、金融機関の改修の影響はなく、通信負荷もユーザー
が必要な際だけの接続になりますので、最小化されます。しかしながら、
事前に金融機関とサービス提供企業が、API 接続に関して提携、契約し
ておくことが必要となる点が課題となります。

－ 42 －

金融機関とアカウントアグリゲーションサービス事業者との契約を促進させる、制度的な契機となったのが、2017年の銀行法等の改正です。この改正では、新たに電子決済等代行業という業が設けられました。この電子決済等代行業への登録を行うことが、金融機関との契約の前提事項となりました。一方金融機関側も、電子決済等代行業の登録を受けたサービス企業からAPI接続の申込があった場合、接続を行う努力義務が発生しました。実際に、2018年6月に本改正が施行され、2年以内に金融機関もAPIを開放し、電子決済等代行業者との接続の契約を結ぶことが求められました。2020年までに、ほとんどの銀行が、照会系のAPIの開放を実現しました。この制度的な枠組みで、大きく金融機関のAPI開放が進展したのです。しかしながら、更新系のAPI開放は、インターネット専業銀行などの一部を除くと進んでおらず、今後の課題となっています。

2.8 銀行システム障害事例

　銀行システム障害の事例として、今回採り上げるシステム障害事例は、2021年2月28日に発生した銀行ATMでの通帳・カード大量取込の事例です。ATMでの通帳・カード取込とは、通帳やカードがATMに取り込まれたまま返却されないことを言います。この障害は、銀行窓口が営業していない日曜日に発生しました。この障害では、4件の顧客影響が発生しました。第一に銀行の支店や出張所のATM4,318台が停止しました。これはこの銀行の全国のATMの約7割強です。第二に、取引中の通帳・カードのATM内への取込が5,244件発生しましたが、顧客への返却の対応が大幅に遅れました。第三に、入金や支払などの更新取引ができない顧客が最大時563人となりました。第四に、定期性預金などの顧客のパソコンやスマートフォンからのインターネット経由での取引（いわゆるダイレクト取引）が不能となりました。定期性預金とは、期日がある預金で、普通預金のように期日が無い流動性預金と対比するものです。この日は、月末の日曜日で寒さが残る日でしたが、利用者は、大事な通帳やキャッシュカードが手元に戻るまでは、その場所を離れることができませんでした。ATMが動き出した際に、通帳やキャッシュカードが吐き出されて、他の人の手に渡ってしまうことを恐れたからです。

　この障害の事象と構図を簡略化して示したのが図2-5です。

　図2-5に沿って、システム障害の発生に至る構図を4段階で説明します。

　第一に、当日臨時に行われていた定期性預金の集中処理で取引のINDEXがオーバーフローして、それ以降の定期性預金取引がすべてエラーとなる事態が起きます。この時点では定期性預金コンポーネントの

― 44 ―

障害でした。なお取引のINDEXとは、取消情報管理テーブルのINDEXで、取消や障害などに備え、取引を実施順にナンバリングするデータベースです。

　第二に、当日は日曜日でしたので、営業店窓口での定期性預金取引はできませんが、銀行ATMやインターネット経由のダイレクトチャネルからは定期性預金の取引を受け付けるべきところ、オーバーフローの結果、ATMやダイレクトからの定期性預金取引がすべてエラーになります。

　第三に、そのようなエラーが累積し、システム中枢の防衛機能が作動し、ATMやダイレクト取引をつかさどる処理区画でシステムのダウンが順次起きます。この段階で、システムの中枢である取引メインでの障害に発展しました。

　第四に、システムのダウンが発生したところに、ATMの取引が発生した場合、ATMの防衛機能により、定期性預金取引に限らず、通帳やカードの取込みが発生しました。また同様にシステムのダウンが生じたところにダイレクト取引が発生すると、ダイレクト取引でも取引がエラーと

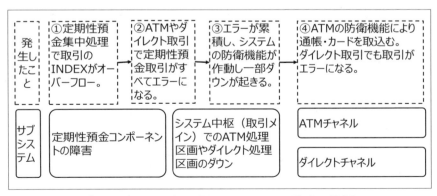

〔図2-5〕2021年2月28日システム障害の構図
（システム障害特別調査委員会「調査報告書」を元に筆者作成）

なりました。この段階で、ATM チャネルや、ダイレクトチャネルの障害にまで発展していきました。

　参考として、原因となった定期性預金の集中処理が ATM・ダイレクトの処理区画閉塞に繋がったメカニズムについてお示しします。最初の原因は取消情報管理テーブルの INDEX のオーバーフローでした（図2-6）。実は、この INDEX には、一日に 642,969 件を超える定期性預金取引が発生するとオーバーフローしてしまう制約がありました。通常の取引では、それだけの件数が発生する事は無かったため、それ以前は問題が無かったのですが、この日は、月末の定期性預金の処理に加え、定期性預金の集中処理が行われたことで、その制約を超える取引が発生してしまいました。

　定期性預金システムと取引メインを含む取引共通システムとは、開発するベンダーや、システムの基本構造であるアーキテクチャも異なるシステムでした。仮に片方で修正が発生した際、相互に影響が及ばないよ

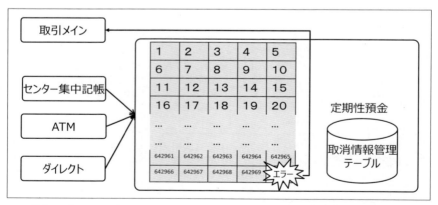

〔図2-6〕2021年2月28日システム障害、取消情報管理テーブルの
　　　　 INDEX ファイルオーバーフロー
　　　　（システム障害特別調査委員会「調査報告書」を元に筆者作成）

うにする意味では、優れた面もありました。ただし定期性預金の入出金取引や通帳記帳を行う際には、2つのアーキテクチャのシステムを跨って処理を行う必要があります。問題なく取引が行われるときは良いのですが、仮に処理の途中で、どちらかのシステムで問題が生じて、取引が完結できない場合は、取引を不成立にして、元の状態に戻すことが必要になります。元に戻すためには、システム間で取引を認識するための識別番号を付けておく必要があります。そのような識別番号を付けるためのデータベースが、取消情報管理テーブルの INDEX ファイルでした。この INDEX ファイルがオーバーフローし、識別番号を決めることができなくなると、定期性預金の取引は成立しません。エラーが取引メインに返されます。システムを跨る連携のために必須の大変重要なインデックスだったのです。そして、INDEX ファイルがオーバーフローすると、定期性預金の取引がエラーになっただけでなく、その取引の自動取消取引までがエラーになり、単純な取引エラーということではなく、システムを破壊しかねない重大なエラーと認識されました。その結果、システム中枢（取引メイン）への影響を最小限にするために、ATM 区画やダイレクトチャネルの区画が自動閉塞していったのです（図 2-7）。

　この INDEX は、重要なファイルであり、処理件数の制約がありながら、定期性預金の集中処理の際に影響範囲として認識されていませんでした。両システムのシステム連携に係る仕組が十分に双方のシステム担当者に認識されていなかったのです。このように、処理件数の制約などもシステム関係者は、把握しておくことが必要になります。

　この障害事例が大きな障害となったのは、障害発生を未然に防止できなかったことだけでなく、障害発生後の対応にも、不十分な点があったことがわかりました。様々な原因が複合して、大きな障害となったので

2章　銀行のITシステム

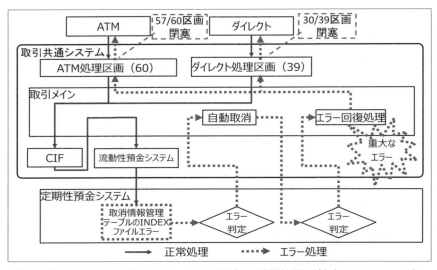

〔図 2-7〕2021年2月28日システム障害の影響範囲が拡大したメカニズム
（システム障害特別調査委員会「調査報告書」を元に筆者作成）

すが、その原因の関係をツリー状に纏めて分析しました（図2-8）。このような分析方法を根本原因分析と言います。

　図上にナンバリングした11点の問題点を示します。第1の問題点は、定期性預金の集中処理を通常の処理量も多い月末日に設定したことです。システム全体への影響のリスク認識が低かったと言えます。第2の問題点は、定期性預金の集中処理で関係する取消情報管理テーブルのINDEXの設計変更が、基本設計書に明示されず引き継がれず、容量の考慮が漏れたことです。第3の問題点は、定期性預金のエラーの累積が、ATMやダイレクトの閉塞に繋がるという仕組みであることを、障害対応している定期性預金の担当者やATMの担当者が把握していなかったということです。把握していれば、早期に定期性預金取引のみを止める結論になり、障害範囲は大きくならなかったと考えます。

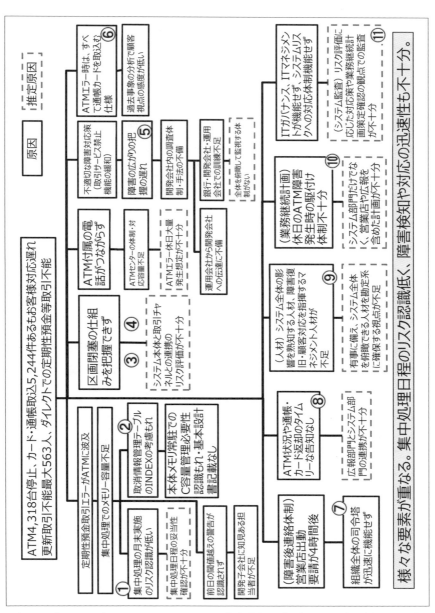

〔図 2-8〕2021 年 2 月 28 日システム障害事例の根本原因分析（筆者作成）

⌂ 2章　銀行のITシステム

　第4の問題点は、本件のような集中処理のエラーが二重取消を招き、取引メインやATM閉塞に波及することが適切だったのかが疑問だということです。第5の問題点は、ATM障害の全体像の把握が遅れたということです。ATMセンターが個々の取引に対応することに追われ、全体を把握できませんでした。早い段階で、障害多発を把握してATMの取引をストップした方が影響は抑えられたと考えます。実際には、逆にATM障害を多発させる措置が取られてしまいました。第6の問題点は、ATM取引未成立の場合は、全て通帳・カードをATM内に取込して、返却しない仕様になっていたことです。第7の問題点は、営業店の出動要請が遅れ、エラー発生から4時間後になったことです。第8の問題点は、顧客へのATMの状況のタイムリーな告知が成されなかったことです。特にATMに取り込まれた通帳・カードは、後日確実に返却されることだけでも案内できていればと考えます。第9の問題点は、システム全体の影響を熟知する人材や障害復旧・顧客対応を指揮するマネジメント人材が育成され、配置されていたか疑問だということです。第10の問題点は、休日のATM障害へ対応するための、営業店や広報も含めた業務継続計画が不十分だったということです。第11の問題点は、リスク評価に応じた障害対応策や業務継続計画策定に関する監査が不十分だったということです。

　この障害のように、多くの原因が複合して大きな障害が発生するため、障害発生の未然防止に努めるだけでなく、障害発生後の対応も準備を怠らないことが望ましいと考えられます。

参考文献

・遠藤正之（2016）「金融情報システムのリスクマネジメント」日科技連出版社
・遠藤正之（2022）「金融 DX、銀行は生き残れるのか」光文社
・遠藤正之（2023）「銀行勘定系クラウド化の現在とこれから」『月刊金融ジャーナル 2023 年 7 月号』
・金融情報システムセンター（2023）「令和 6 年度版金融情報システム白書」
・静岡フィナンシャルグループ（2023）「これまでのデジタル戦略と今後の取組みについて」『デジタルバンキング展講演』
・遠藤正之（2022）「みずほ事例に学ぶ銀行システムのこれから」『月刊金融ジャーナル 2022 年 5 月号』
・システム障害特別調査委員会（2021）「調査報告書」

2章　銀行のITシステム

コラム：都市銀行、地方銀行、第二地方銀行、信用金庫、信用組合の相違点

　預金取扱等金融機関の中で、都市銀行、地方銀行、第二地方銀行、信用金庫、信用組合について、その違いを纏めたのが、下に示した表です。都市銀行、地方銀行、第二地方銀行は、実際の営業地域に差はあっても、法律上は同じ扱いとなっています。信用金庫、信用組合は、非営利団体であり、税制上の優遇がありますが、営業地域や貸出先に関しての制約があります。第二地方銀行は、かつては「無尽」と呼ばれる会員による相互扶助組織でしたが、1951年に旧相互銀行法制定に伴い、相互銀行に転換、その後1989年頃から普通銀行に転換しています。尚、きらぼし銀行の前身の八千代銀行（他前身：東京都民銀行、新銀行東京）だけは、信用金庫からの転換です。

〔表〕都市銀行、地方銀行、第二地方銀行、信用金庫、信用組合の相違点（筆者作成）

	都市銀行・地方銀行	第二地方銀行	信用金庫	信用組合
根拠法	銀行法		信用金庫法	中小企業等協同組合法
組織形態	株式会社		会員出資の協同組織	組合員出資の協同組織
営利非営利	営利団体		非営利団体	
預金	制限なし			原則組合員
貸出	制限なし		原則会員	原則組合員
営業地域	制限なし		限定	限定
その他		元は相互銀行	優遇税率適用	

コラム：「楽天は銀行を持てるが、銀行は楽天を持てない」

　この比喩は、銀行の業務範囲規制の厳しさを表現したものです。2021年10月までは、銀行、銀行持株会社傘下の企業（銀行兄弟会社）、銀行子会社に関しては、銀行法に書かれている業務以外は行うことができないルールでした（コラム内の図参照）。これには、様々な理由がありますが、他業を行うことで、預金取扱いに代表される本業の経営基盤が脅かされるリスクを回避するためという理由が最も大きいと考えられます。

　一方、楽天銀行は、2001年に開業したイーネット銀行を、2010年に楽天（現楽天グループ）が買収して、完全子会社にした銀行です。楽天銀行は成長を続け、2022年に東証プライムに上場を果たしました。2024年6月末現在、楽天グループの持ち株比率は、49.26％となっています。ご存じの通り、楽天銀行の大株主である楽天グループは、多くの事業を行っています。これは、銀行の大株主に関しては、銀行法での規制が及ばないためのものです。

　2021年の銀行法等の改正により、銀行業高度化等会社に関しては、他業認可に関して、個別列挙が行われなくなり、銀行の創意工夫次第で幅広い業務を営むことが可能になりました。ただし銀行業高度化等会社の設立には、金融当局の認可が必要になる点で、規制が残っているとも言えるでしょう。

　今後、さらなる規制の緩和が期待されていましたが、2024年6月にメガバンクグループで、銀行と証券の間で不適切な顧客情報の共有が行われたことを起因に、業務改善命令が発出されました。この事案により、規制緩和が停滞するのではないかとも言われています。

2章 銀行のITシステム

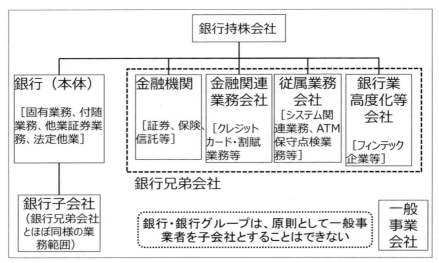

2021年までの銀行業務範囲規制（青木ふみ 2022 を元に作成）
参考文献　青木ふみ（2022）「銀行の業務範囲規制をめぐる経緯と論点」『国立国会図書館調査と情報 -ISSUE BRIEF-』
https://dl.ndl.go.jp/view/download/digidepo_11942360_po_1165.pdf?contentNo=1

金融機関の決済ネットワーク

本章では、金融機関の決済ネットワークについて説明していきます。

決済の代表的なものが為替です。為替とは、現金払い以外の方法で資金を受渡しする仕組みです。為替の取扱いは、長らく免許の必要な銀行を代表とする預金取扱等金融機関に限定されていました。2009年の資金決済法により、100万円以下の送金を取り扱うことができる登録制の資金移動業が業として認められました。2021年の改正資金決済法では、資金移動業に3類型が設けられ、取扱い金額制限のない第一種資金移動業の類型と、金額5万円以下の第三種資金移動業が規定されました。なお、従来型の資金移動業は第二種資金移動業となりました。

ただし、この第一種資金移動業では、金額制限がなく、高額の送金サービスの提供ができる代わりに、サービス利用者の保護のため、送金手続き期間を超えた資金の滞留が認められていません。したがって、銀行のように恒常的に預金を預かって、その資金を利用して送金取引を行うことはできません。単発での高額の送金取引を行うようなケースに限定されることになります。2024年6月末時点で認可を受けているのは4社のみです。預金業務と為替業務の両方を制限なく行える預金取扱等金融機関には、免許制という参入規制がある一方、業務面での自由度という優位性が残されていると言えるでしょう（表3-1）。

〔表3-1〕預金取扱等金融機関（銀行）と資金移動業者の相違点（筆者作成）

	預金取扱等金融機関（銀行等）	資金移動業		
		第一種	第二種	第三種
根拠法	銀行法	資金決済法		
参入規制	免許制	認可制	登録制	
送金上限額	なし	なし	100万円以下	5万円以下
資金の受入れ	制限なく可能	具体的送金指図がある場合のみ受入れ可	送金上限額まで	送金上限額まで
事業者数（2024年3月現在）	1255機関	4社	83社	なし

3章 金融機関の決済ネットワーク

3.1 内国為替の仕組み

為替の中でも国内での送金や資金決済が行われるものが内国為替です。預金取扱等金融機関の3大業務の一つでもあります。預金取扱等金融機関では、2つの仕組みを構築して、内国為替業務を行っています。その第一が、全国銀行資金決済ネットワーク（以下全銀ネット）が運営する全国銀行通信システム（以下全銀システム）です。第二が日本銀行金融ネットワークシステム（以下日銀ネット）です。第一の全銀システムでは、国内の預金取扱等金融機関間の内国為替取引の通知と金融機関間の決済額の算出などを行っています。第二の日銀ネットでは、金融機関が日本銀行に保有している当座預金（日本銀行当座預金）での資金の受払を行っています。決済額の算出と実際の受払が別主体の運営するシステムで行われている点がポイントです（図3-1）。

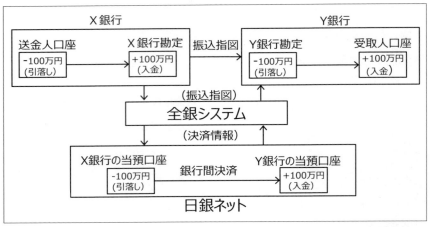

〔図3-1〕内国為替での全銀システムと日銀ネットの役割（筆者作成）

3.2 全銀システム（全国銀行データ通信システム）

　全銀システムは、1973年4月に稼働が開始し、約8年毎のレベルアップを経て、2019年には第7次全銀システムが稼働しています。その運営は、当初社団法人東京銀行協会が行っていましたが、2010年10月からは、一般社団法人全国銀行資金決済ネットワーク（全銀ネット）が運営を引き継いでいます。

　全銀システムは、東京と大阪2か所の全銀センターのホストコンピュータと、金融機関と全銀センターを繋ぐ中継コンピュータ（RC）及びそれらを繋ぐネットワーク回線から構成されています（図3-2）。

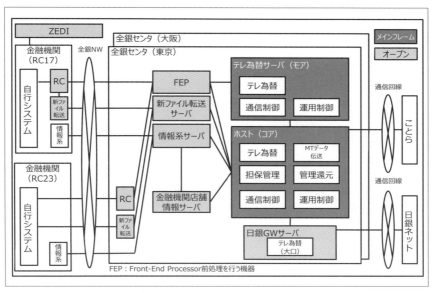

〔図3-2〕全銀システムの概要
（全国銀行資金決済ネットワーク2023を元に筆者作成）

図 3-2 の全銀システムの概要で着目すべきポイントは、6 点あります。第一は中継コンピュータ（RC）接続、第二は、東京大阪 2 センター体制、第三は、24 時間 365 日対応、第四は日銀接続、第五は全銀 EDI システム（ZEDI）、第六はことら接続です（表 3-2）。

第一の中継コンピュータ（RC：Relay Computer）接続は、全銀システム特有の接続形態です。特に金融機関（RC17）と金融機関（RC23）の記載がある点がポイントです。RC に関しては、2017 年仕様の RC17（金融機関側設置）での接続から、2023 年仕様の RC23（全銀センター側設置）での接続への移行が、2023 年 10 月から 2029 年にかけて、10 数回に分けて行われています。そのため、構成が 2 通りになっています。

金融機関と全銀システムの接続には、1 件ごとに振込電文を送信する RC 経由の「テレ為替」と、給料振込のようなケースで複数の振込電文を一括で送信する「新ファイル転送」の 2 つの接続形態があります。その接続形態によって、金融機関（RC17）では、金融機関側に RC 本体装置と新ファイル転送端末が置かれていますが、金融機関（RC23）については、全銀センター側に RC 本体装置と新ファイル転送端末が置かれてい

〔表 3-2〕全銀システムの着目ポイント（筆者作成）

ポイント	説明
中継コンピュータ（RC）接続	RC17（金融機関側設置）から RC23（全銀センター側設置）への移行が進行中で並存
東京大阪 2 センター体制	東京大阪に全く同じセンター機能
24 時間 365 日対応	平日夜間や土日祝日の取引に対応するモアタイムシステムの構築（2018 年開始）
日銀接続	日本銀行当座預金での資金決済金額の情報を日銀 GW サーバ経由、日銀ネットにデータを送信
全銀 EDI システム（ZEDI）	総合振込を行う際に、EDI（電子データ交換：Electronic data interchange）情報を添付することができるシステム（2018 年開始）
ことら接続	ことらでの金融機関間の資金清算情報を全銀システム経由で日銀ネットへ送信（2022 年開始）

－ 60 －

る点で、構成の表示が分かれているのです。

　第二の東京大阪2センター体制は、東京と大阪に全く同じセンター機能が備わっている点で、システムの冗長性を担保しています。図3-2では、全銀センター（東京）と全銀センター（大阪）の表記があり、全銀センター（大阪）の中身は表示されていませんが、全く同じ構成があるため、記載されていないのです。

　第三の24時間365日対応に関しては、従来、他の金融機関宛の振込は、平日日中しかできませんでしたが、2018年に平日夜間や土日祝日にも振込を可能にする対応が行われました。そのための措置として、平日日中の取引に対応する従来からあるコアタイムシステム［図3-2ホスト（コア）］に加え、平日夜間や土日祝日の取引に対応するモアタイムシステムが構築されています。図3-2では、テレ為替サーバ（モア）の表示が、モアタイムシステムを表しています。コアタイムは「テレ為替」と「新ファイル転送」に対応していますが、モアタイムは「テレ為替」のみに対応しています。なお、ホスト（コア）、テレ為替サーバ（モア）ともメインフレームコンピュータを用いています。

　第四の日銀接続ですが、為替取引により、一旦は各金融機関が立替払いをしますが、最終的には当日中に日本銀行当座預金での資金決済が必要になりますので、その資金決済金額の情報を日銀GWサーバ経由、日銀ネットにデータを送信しています。

　第五の全銀EDIシステム（ZEDI）は、2018年に稼働したシステムです。企業間の総合振込を行う際に、EDI（電子データ交換：Electronic data interchange）情報を添付することができるシステムです。EDI情報としては、支払通知番号、請求書番号が代表的なもので、受取企業の売掛金などの消込作業や支払企業への照合問合せ事務の削減が期待されます。

ただし、全銀システム本体の外付けのシステムであるため、支払企業、受取企業、双方の取引金融機関の全部が、システム対応する必要があります。金融機関の対応は進みましたが、特に支払企業がデータを作成する負荷が高いわりに効率化のメリットが少ないため、普及していません。2022年夏現在、送金全体の0.01％程度に留まっており、データ項目を絞った次期 ZEDI の構築が計画されています。

第六のことら接続は、10万円以下の個人送金サービスを提供することらシステムとの接続です。ことらシステムは、2022年から稼働していますが、金融機関間の資金清算の情報を全銀システム経由で日銀ネットに送っています。なお、ことらシステム自体の説明は、3.6節で行います。

さて、2024年7月現在、2027年稼働の第8次全銀システムに向けた検討が行われています。その重要な論点は第一に接続形態の多様化、第二にメインフレームからの脱却、第三にグランドデザインの見直しです（表3-3）。

第一の接続形態の多様化については、RC（中継コンピュータ）での接続は、加盟金融機関への接続負担が高いことが従来から言われていました。2022年10月には、従来預金取扱等金融機関に限定されていた全銀システムへの参加資格を、資金移動業者にも拡大していますが、加盟は

〔表3-3〕第8次全銀システム検討の論点（筆者作成）

論点	説明
接続形態の多様化	RC接続に加え、APIゲートウェイでの接続を可能とし（2025年11月頃）、第9次全銀システム（2035年頃）ではAPI接続に一本化する
メインフレームからの脱却	メインフレームの製品市場縮小に備え、オンプレミス方式でのオープン化を図る
グランドデザインの見直し	内国為替取引等の主要業務の「ミッションクリティカルエリア」より便利な機能サービスを付加的に実現する「アジャイルエリア」を設ける

実現していません。そこで、API ゲートウェイでの接続方式の導入が計画されており、最速では 2025 年に第 8 次全銀システムの更改に先立って行われることが検討されています。2035 年頃の第 9 次全銀システムでは、RC 接続を取り止め、API 接続に一本化する方向での検討が行われています。

第二のメインフレームからの脱却については、利用中のメインフレームコンピュータが 2030 年に販売終了、2035 年に保守終了となることが決定していることや、メインフレームの製品市場縮小による高コスト化が懸念されることから、2027 年の段階では、オンプレミス方式を維持しながらオープン化を図るとしています。

第三のグランドデザインの見直しに関しては、主要業務である内国為替取引や資金決済を実現するエリアである「ミッションクリティカルエリア」以外に、より便利な機能サービスを付加的に実現する「アジャイルエリア」を設けました。この狙いの一つとして、開発企業として従来の企業（NTT データ）以外が参入しやすくすることがあります。

なお、全銀システムは、1973 年の稼働開始以来約 50 年間、顧客影響のあるシステム障害の発生がありませんでしたが、2023 年 10 月の中継コンピュータの RC23 への初回移行時に、一部銀行での 2 日間の「テレ為替」機能の稼働停止というシステム障害が発生してしまいました。「新ファイル伝送」などでの代替策を行いましたが、多くの取引が遅延し、2 日後に暫定対応が行われ、本格的なプログラム更改が 2024 年 1 月から 3 月に行われるまで影響が続きました（詳細は 3.8 節）。このことで、第 8 次全銀システムの検討にも影響が生じました。例えば、当初は 2027 年の一斉移行を想定していましたが、段階的移行方式への変更が検討されています。

3.3 日銀ネット
（日本銀行金融ネットワークシステム）

　日銀ネットは、金融機関間の決済の中核となるネットワークシステムで、金融機関と日本銀行の電算センターはオンラインで繋がっています。

　日銀ネットでは、多くの金融取引の資金決済が行われています（図3-3）。大きく分けて２つのシステムがあります。第一は、金融機関名義の日本銀行当座預金の入出金を行う日銀ネット当預系で、第二は、国債のペーパーレス決済を実現する日銀ネット国債系です（表3-4）。

　それぞれの稼働開始は、日銀ネット当預系が1988年、日銀ネット国債系が1990年です。2015年10月から新日銀ネットに更新されています。

　第一の日銀ネット当預系では、全銀システムで扱われる金融機関間の資金決済に加え、手形・小切手の交換に伴う資金決済、外国為替円決済、株式決済、国債以外の国内債券決済、投資信託の決済、外為円決済、店頭デリバティブ取引などが行われています。

　資金決済の取引単位に関しては、金融機関間の資金決済や日本銀行と金融機関間の資金決済や、１億円以上の決済では、１件ごとの即時グロス決済（RTGS：Real-Time Gross Settlement）を行っています。即時グロス決済により、金融機関間決済に係るシステミックリスクを削減しています。一方、全銀システムでの送金や手形交換などのうち、１億円未満の取引では、１日１回定時に参加金融機関の受取総額と支払総額の差額を決済しています（時点ネット決済）。

　第二の日銀ネット国債系では、国債の登録や決済が行われています。決済での方式は、１件ごとの即時グロス決済です。

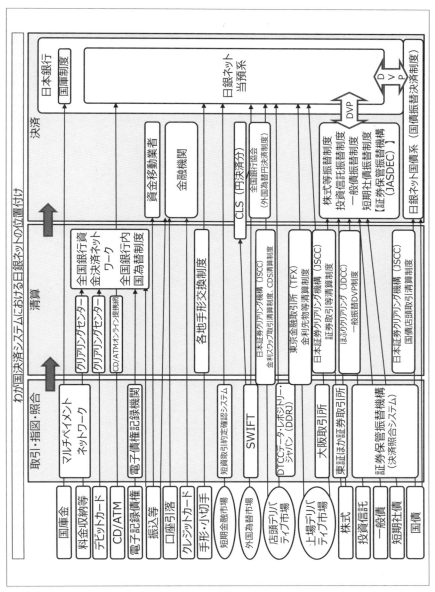

〔図 3-3〕わが国決済システムにおける日銀ネットの位置付け
（日本銀行「決済システムレポート 2019 年 3 月」を元に筆者作成）

3章　金融機関の決済ネットワーク

〔表3-4〕日銀ネットの役割（当預系と国債系）（筆者作成）

日銀ネット	主な役割
当預系	全銀システムで扱われる金融機関間の資金決済、手形・小切手の交換に伴う資金決済、外国為替円決済、株式決済、国債以外の国内債券決済、投資信託の決済、外為円決済、店頭デリバティブ取引など（金融機関間資金決済や1億円以上の決済では、即時グロス決済、それ以外は時点ネット決済）
国債系	国債の登録や決済（即時グロス決済）

3.4 CD/ATM ネットワーク

　わが国では、金融機関の CD（Cash Dispenser）から現金を引き出す時に、当該金融機関以外の CD も利用が可能となっています。これは、金融機関同士がオンライン提携をしていることによります。当初は都市銀行や地方銀行と言った業態別のオンライン提携ネットワークでしたが、全国キャッシュサービス（MICS）が 1991 年に都市銀行、地方銀行、第二地方銀行、信用金庫、信用組合、労働金庫、系統農協の 7 業態の相互間提携を実現し、その後も長期信用銀行や信託銀行などとも提携が広がりました。現在の MICS では、都市銀行、信託銀行、地方銀行、第二地方銀行、信用金庫、信用組合、労働金庫、系統農協・信漁連の 8 業態相互間での相互利用が可能となっています。

　中継業務は、NTT データが提供する統合 ATM スイッチングサービスが担っていて、銀行業態間の資金決済は、資金請求のデータと資金請求されるデータに基づいて、各業態の資金決済幹事行が集計し、取引日の翌営業日に全銀システムを経由して、日銀ネット当預系で決済されています。都市銀行、信託銀行、地方銀行、第二地方銀行では、業態内の資金決済も同様に統合 ATM スイッチングサービスが担っています。一方、信用金庫、信用組合、労働金庫、系統農協・信漁連については、それぞれの業態のセンター組織が業態内の資金決済を担っています。

　なお、ゆうちょ銀行は、統合 ATM スイッチングサービスとは直接接続しておらず、クレジットカード関連の決済サービスである CAFIS（Credit And Finance Information Switching System）経由で各金融機関の CD/ATM と接続しています。また旧長期信用銀行系について、SBI 新生

第3章　金融機関の決済ネットワーク

銀行、商工組合中央金庫は、自社 ATM をセブン銀行 ATM に置き換え、あおぞら銀行はゆうちょ銀行 ATM に置き換えています。

3.5 外国為替の仕組み

　為替の中でも外国の個人や法人との送金や資金決済を行うのが外国為替です。内国為替と異なり、世界中の金融機関が参画している日銀ネットのような資金決済のシステムが存在しないため、銀行間での契約を行って個別に決済を行うのが一般的です。

　決済金額を伝達する通信システムとしては、SWIFT（Society for Worldwide Interbank Financial Telecommunication SC）があります。SWIFT は、参加銀行間の国際金融取引に関するメッセージをコンピュータと通信回線を利用して伝送するネットワークシステムです。1973 年に設立され、2023 年 7 月末現在で 11,000 超の金融機関が加盟しています。内国為替の全銀システムとの相違点としては、通信機能のみで、決済システムへのデータ連携がない点です。

　一方、資金決済は、コルレス契約という契約を結んだ国内の金融機関と海外の金融機関の間で、相互に自分の銀行名義の相手国通貨建て預金口座（預けデポ）を開設して、その口座での入出金を通じて決済をすることが行われています。ただし、あらゆる銀行と口座開設を n 対 n で行うのは非効率的なので、1 国 1 通貨に数行での口座開設にとどめることが多くなります。それ以外の銀行との取引は、口座開設した銀行を経由して行う形で決済が行われます。そのため、データのバケツリレーが行われ、経由銀行での手数料がかかるため、決済スピードも遅く、コストが高くなるという利用者の不満が生じることになります。

　最近の金融分野のイノベーションの発展に伴い、SWIFT において、いくつかの改革が行われています。第一に、SWIFT gpi（SWIFT global

payments innovation）、第二に ISO20022 移行対応、第三に SWIFT GO で
す（表 3-5）。

　第一の SWIFT gpi（SWIFT global payments innovation）は、2017 年に
開始されました。SWIFT gpi 加盟銀行が送金指図銀行になる場合、ユニー
クな追跡番号を付番し、トラッキングが可能となりました。この SWIFT
gpi 導入により、加盟銀行では、送金の 100％が 24 時間以内の入金を実
現でき、送金の処理状況をトレースできるようになりました。なお
2021 年には、金融機関ではない日本の事業会社が直接送金指図を行う
サービスとして SWIFT gpi for Corporate（g4C）の商用化も開始されてい
ます。

　第二の ISO20022 移行対応とは、金融電文の国際標準である ISO20022
への対応です。従来 SWIFT の送金電文で利用されていた固定長の MT
フォーマットから、可変長の XML ベースの MX フォーマットへの移行
を行う対応です。MT フォーマットでは、電文に入力できる情報量に制
約がありましたが、MX フォーマットでは、情報量の制約がなく、内訳
情報の細分化も可能となることで、外国送金業務の作業効率の向上のみ
ならず、他のシステムとの連携によるイノベーションも期待できます。
SWIFT では、2023 年 3 月から 2025 年 11 月までを移行期間と定めていて、
2025 年 11 月には完全移行することとなっています。移行期間の間は、

〔表 3-5〕SWIFT の改革（筆者作成）

改革事案	内容
SWIFT gpi	2017 年開始。SWIFT gpi 加盟銀行が送金指図銀行になる場合、ユニークな追跡番号を付番し、トラッキングが可能となり、送金の 24 時間以内の入金を実現
ISO20022 移行対応	固定長の MT フォーマットから、可変長の XML ベースの MX フォーマットへの移行を行う対応。2025 年 11 月期限で、移行が進行中
SWIFT GO	2021 年 7 月開始。顧客のスマートフォンから、直接国際送金を行える小口用の国際送金サービス

- 70 -

MT フォーマットと MX フォーマットが並存し、金融機関では、MX フォーマットを MT フォーマットに変換するなどの暫定対応でしのぐことが可能ですが、完全移行までには、金融機関の勘定系システムの更改を含めた本格対応が必要になります。

　第三の SWIFT GO は、2021 年 7 月に開始された小口用の国際送金サービスです。顧客のスマートフォンから、直接国際送金を行えるように、送金フォーマットを単純化して提供するものです。通貨は、米ドル、ユーロ、英ポンドの 3 通貨で、上限は 1 万ドル、1 万ユーロ、1 万ポンドとなっています。送金側と送金を受ける側の双方の金融機関が対応を行う必要があり、普及途上にあります。

3.6 ことら送金・少額決済

　2022年10月から開始された、10万円以下の個人間送金サービスを行う仕組みがことらです。ことらは、少額のトランスファーを意味する造語です。運営する株式会社ことらは、三菱UFJ銀行、三井住友銀行、みずほ銀行、りそな銀行、埼玉りそな銀行が出資して設立されました。2024年8月末現在で、293金融機関で利用が可能となっており、さらに124機関が接続の予定です。

　送金に際しては、個人が金融機関のアプリや、金融機関共通アプリである Bank Pay や Wallet⁺（ウォレットプラス）、J-Coin Pay を使って振り込みを行います。金融機関のアプリで対応しているのは、三井住友銀行、横浜銀行、SBI新生銀行、ゆうちょ銀行、京都銀行、広島銀行、北海道銀行、北陸銀行、西日本シティ銀行、鹿児島銀行、みんなの銀行、熊本銀行、十八親和銀行、福岡銀行、住信SBIネット銀行です（2024年8月末現在）。

　すべての銀行で振込手数料が無料となっている点やオンラインの即時送金処理ができる点、口座番号を知らなくても、電話番号やメールアドレスを受取人が登録していれば、それらでも送金できる点など、競争力があり、じわじわと広がっています。例えば従来は、振込手数料の負担を避けるため、ATMから引き出して、別の口座にATMで入金していた、同一名義人間や家族間の振替取引で利用されているようです。なお、システム自体は株式会社ことらが提供していますが、事業者間の資金清算については、日中2回全銀システムに直接連携される仕組みとなっています。

ことら送金が企画されたのは、実は PayPay に代表される金融機関以外の資金移動業のサービス事業者が、加入者間で無料送金できるアプリを提供しはじめたことに対して、メガバンク3銀行とりそなグループが対抗するためのものでもあります。従来の銀行送金の手数料収入を失っても、小口送金の事務作業や現金の入出金の事務を削減することも狙っているものと考えられます。

3.7 個人信用情報機関

　クレジットカードや個人の無担保ローン、消費者金融などの事業者が、取引の可否を判断するための情報ネットワークが、個人信用情報機関です。個人信用情報機関は、業態別に発展してきました。信販会社やクレジットカード会社系の株式会社シー・アイ・シー（CIC）、消費者金融や信販会社系の株式会社日本信用情報機構（JICC）の2社が指定信用情報機関となっています。指定信用機関ではないですが、全国銀行協会が運営し、銀行などの預金取扱等金融機関のみが会員となっている全国銀行個人信用情報センター（KSC）があります。事業者は、複数の信用情報機関に加盟して情報収集を行っています。銀行は、JICCとKSCに照会しています。

　個人信用情報機関には、会員事業者から収集した個人の与信情報や延滞などの事故情報が蓄積されています。事業者は、個人からの申込を受けて、指定信用情報機関に氏名、生年月日、住所、電話番号などの項目で照会することが義務付けられています。個人も、各機関に自身の情報の開示を請求できることとなっています。

３.８ 決済ネットワークシステム障害事例

　決済ネットワークシステム障害の事例として、今回採り上げるシステム障害事例は、2023 年 10 月 10 日に発生した全銀システム障害事例です。国内金融機関の決済を担う決済ネットワークの障害であり、大きな影響がありました。1.5 節のシステム障害対策での 4 つの観点に沿って、第一に検知、第二に代替、第三に復旧に分けて、障害と対応の経緯を説明していきます（表 3-6）。

３.８.１ 検知

　2023 年 10 月 7 日（土）〜 9 日（祝）にかけて、全銀システムの中継コンピュータ（RC）を「RC17」から「RC23」へ更新する移行の第 1 回目として、14 金融機関での移行が行われました。移行後初日の営業日である 10 月 10 日（火）朝、10 金融機関で中継コンピュータがシステムダウン

〔表 3-6〕2023 年 10 月 10 日全銀システム障害事例の経緯（筆者作成）

観点	内容
検知	10 月 10 日（火）朝、10 金融機関で中継コンピュータがシステムダウンして判明。テレ為替経由でのリアルタイム送金ができない状況となる。解析により、内国為替制度運営費のテーブルを参照する際にエラーが発生していることが判明
代替	給料振込のような特定日にまとめて送金を行う新ファイル転送でのデータ授受や電子媒体で金融機関からデータを持ち込むことで対応しようとしたが、2 日間で約 315 万件の発信に対し、約 107 万件の発信の持越しが発生
復旧	暫定対処 1：内国為替制度運営費の金額を固定値で入力するプログラム修正は、改修箇所が多く、翌 11 日に間に合わず失敗 暫定対処 2：内国為替制度運営費の金額を一律 0 円とする対応で 12 日に復旧 本格対処：内国為替制度運営費のテーブルを修正（2024 年 1 月から 3 月に段階的に対応）

3章　金融機関の決済ネットワーク

しました。これらの 10 金融機関は、いずれも中継コンピュータ内の「内国為替制度運営費付加・チェック処理」を利用している金融機関でした。この 10 金融機関から他金融機関との間でテレ為替経由でのリアルタイム送金ができない状況となりました。解析により、内国為替制度運営費[1]のテーブルを参照する際にエラーが発生することが判明しました。

3.8.2　代替

　代替対応については、給料振込のような特定日にまとめて送金を行う新ファイル転送でのデータ授受や、電子媒体で金融機関からデータを持ち込むことで対応しようとしました。しかしながら、対象データが多く、また金融機関側で内国為替制度運営費のデータを追加するなどの準備作業が必要であり、2 日間で約 315 万件の発信に対し、約 107 万件の発信の持越しが発生しました[2]。

3.8.3　復旧

　復旧については、暫定対処に 2 日間かかりました。まず 10 日の 17 時に決定した最初の暫定対処（暫定対処 1）では、エラーが生じた内国為替制度運営費のテーブルを参照せずに、内国為替制度運営費の金額を固定値で入力するプログラム修正を行おうとしました。しかし、プログラムの改修箇所が多岐にわたり、結局翌 11 日のオンライン開始までにプ

---

[1] 内国為替制度運営費とは、送金の仕向銀行が、被仕向銀行宛に支払う手数料のことです。2021 年の銀行間手数料廃止を機に全銀ネットにより創設されました。
[2] 2023 年 12 月 1 日の公表数字による。

－ 76 －

ログラム修正が間に合わず、10金融機関での他金融機関との間の送金ができない状況が続きました。11日の13時になって、暫定対処2として、内国為替制度運営費の金額を一律0円とするプログラム修正を行うこととし、翌12日から稼働することができました。なお、内国為替制度運営費のテーブルを修正する本格対処に関しては、それから3か月後の2024年1月から3月にかけて、金融機関を分けて段階的に行われました。

3.8.4　各段階での問題点

　このシステム障害には、予防、代替、復旧の各段階で、問題点がありました（表3-7）。

【予防の問題点】

　なぜ、そもそもこの障害を予防できなかったのでしょうか。このシステム障害の直接的原因は、内国為替制度運営費の情報に係わるインデックステーブルの生成処理の不具合によって、インデックステーブルが破損していたためです。この破損の原因は、必要なメモリーの確保が不十分であったためでした。その原因として、テーブルを作成する処理にお

〔表3-7〕2023年10月10日全銀システム障害事例の問題点（筆者作成）

観点	内容
予防	テーブルを作成する処理において、OS（オペレーティングシステム）のバージョンアップに伴うサイズ拡張の認識不足により、テーブルが破損。 背景として、アーキテクチャ（システムの構造）、プログラム実装、テストの網羅性不足、移行の検証不足、移行計画のリスクマネジメントの諸点がある
代替	新ファイル転送でのデータ授受や電子媒体でのデータ持ち込みに関して、金融機関と全銀センター間の事前準備が不十分
復旧	暫定対処1のプログラム修正に当たる影響確認が不十分で、修正の困難さが当初認識されず、翌日の稼働ができなかった

いて、OS（オペレーティングシステム）のバージョンアップに伴うサイズ拡張の認識不足がありました。

その背景として、アーキテクチャ（システムの構造）、プログラム実装、テストの網羅性不足、移行の検証不足、移行計画のリスクマネジメント不十分という予防に係る様々な要因が挙げられます。

アーキテクチャに関しては、本来データ引渡しが役割である中継コンピュータに複雑なロジックが組み込まれたことがあります。

プログラム実装に関しては、実装フェーズでの設計仕様の確認が不十分だったことがあります。

テストの網羅性不足に関しては、テストケースの網羅性が不十分で不良の検出漏れが発生したことがあります。

移行の検証不足に関しては、移行時のテーブル作成後の検証が不十分であったことがあります。

移行計画のリスクマネジメント不十分に関しては、中継コンピュータが東京大阪の２か所にあるという冗長構成を採っていながら、同時に移行する計画としたことで、リスクを高める結果となりました。

【代替での問題点】

代替についての問題点は、事前の準備が不十分だったことが挙げられます。今回障害が発生したテレ為替で送金する取引データを、障害が起きていなかった新ファイル転送でのデータ授受や電子媒体でのデータ持ち込みに変更することが、理論上は可能でした。しかしながら、持ち込む各金融機関の作業が必要であるにも関わらず、データを作成するための訓練や仕組みが不十分だったので、当日中の持ち込みが間に合わず、時間切れになりました。

【復旧での問題点】

暫定対処 1 のプログラム修正に当たる影響確認が不十分で、修正の困難さが当初認識されず、翌 11 日までの対応ができなかったことがあります。暫定対処 1 の失敗を受けて、ようやくより簡素な形で「内国為替制度運営費」の計算をスキップする暫定対処 2 を翌日に行うこととなりました。最初からより修正箇所の少ない暫定対処 2 を選択する見極めができていれば、翌 11 日に稼働できた可能性が高いと考えられます。

3.8.5　2023年10月10日全銀システム障害事例の根本原因分析

本障害事例の原因をツリー状に纏めました。2 章の障害事例でも行った根本原因分析です（図 3-4）。内国為替制度運営費関連のインデックステーブルでのエラーには、様々な人的な原因があり、リスク認識が不十分だったことも相まって、10 金融機関で他金融機関とのテレ為替形態の取引の持越しが発生しました。代替対応も手間取り、暫定復旧に関しても、委託者である全国銀行資金決済ネットワーク（全銀ネット）と委託先の IT 企業との意思疎通が不十分でした。また IT ガバナンス面でも 50 年間にわたる安定稼働によって、大規模障害は起きないという潜在意識があったと考えられます。

3章 金融機関の決済ネットワーク

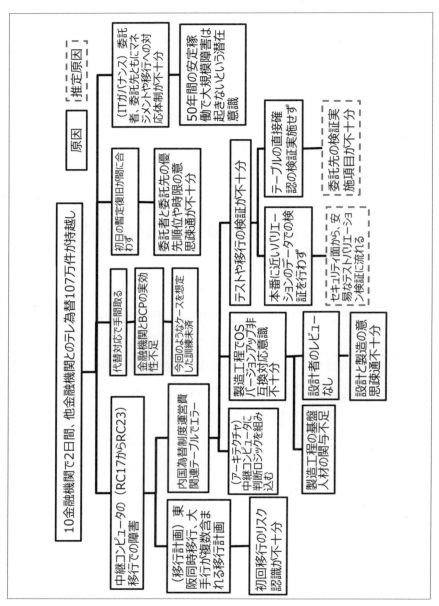

〔図3-4〕2023年10月10日全銀システム障害の根本原因分析（筆者作成）

- 80 -

参考文献

- 全国銀行資金決済ネットワーク（2023）「次期全銀システム基本方針」
  https://www.zengin-net.jp/announcement/pdf/20230316_basicpolicy_8Z.pdf
- 金融情報システムセンター（2023）「令和6年度版金融情報システム白書」
- 日本銀行（2019）「決済システムレポート」の「図表Ⅱ-1 わが国の主要な金融市場インフラとその運営主体」
  https://www.boj.or.jp/research/brp/psr/data/psr190327a.pdf
- 金融情報システムセンター（2023）「相互運用性の向上に向けた、SWIFT の ISO20022 移行対応に関する国内金融機関・IT ベンダーの取組み」
- 日経 FinTech（2024）「金融 DX 戦略レポート 2024-2028」
- 遠藤正之（2024）「全銀システム障害から学ぶ IT レジリエンス確保の要諦」『金融財政事情 2024.3.26 特集再考オペレーショナル・レジリエンス』
- 大和総研（2022）「IT レジリエンスの教科書」翔泳社

3章　金融機関の決済ネットワーク

コラム：キャッシュレスの相互運用性

　2016年に2割程度だったキャッシュレス決済比率は、2023年には4割程度にまで上昇しました。この間には、3つの大きな動きがあったと考えています。それは、第一にQRコード決済の進展、第二に政府のキャッシュレス推進施策、第三にクレジットカードの利便性向上です（下の表参照）。

　第一のQRコード決済は、店舗に掲示されたQRコードのボードを顧客がスマートフォンで読み取る方式が、小規模な店舗にも受け入れられ、大きく伸長しました。2018年以降多くの事業者が参入し、様々な利用者向けの還元キャンペーンや加盟店への優遇施策による激しい競争が生じました。その後、1社のサービスが他のサービスを凌駕して発展してきています[3]。

　第二の政府のキャッシュレス推進施策としては、2019年10月から2020年6月まで「キャッシュレス・消費者還元事業」で、加盟店と消費者に対するインセンティブ還元が政府の施策として行われたのが代表的なものです。それ以降も国や地方公共団体とキャッシュレス決済事業者との連携による還元施策が行われました。

〔表〕キャッシュレス決済比率上昇の要因

要因	説明
QRコード決済の進展	2018年以降多くの事業者が参入し、1社のサービスが他のサービスを凌駕して発展
政府のキャッシュレス推進施策	「キャッシュレス・消費者還元事業」（2019年〜2020年）などの還元施策
クレジットカードの利便性向上	スマートフォンにクレジットカード機能を持たせる仕組みや、クレジットカードのタッチ決済の進展

---

[3] PayPay（2018年10月開始）が、先行するLINE Pay（2014年12月開始）、Origami Pay（2016年5月開始）、楽天ペイ（2016年10月開始）、銀行Pay（2017年3月開始）、pring（2018年3月開始）、d払い（2018年4月開始）を凌駕しています。

－ 82 －

第三のクレジットカードの利便性向上は、スマートフォンにクレジットカード機能を持たせる仕組みや、クレジットカードのタッチ決済の進展があります。スマートフォンにクレジットカード機能を持たせる仕組みとしては、「Apple Pay」や「Android Pay」があります。クレジットカードのタッチ決済には、Visa のタッチ決済、Mastercard の「Mastercard contactless」、JCB の「QUICPay」が代表的なものです。

　以上のように、キャッシュレスが進展しましたが、店舗では様々な決済手段が利用できる最新の機器を導入するか、様々な決済用の QR コードのボードを置くなどの決済システムの乱立が起きている状況です。また、個人間の割り勘や送金に関しては、まだ現金での授受が行われているなど、現金の利便性が、キャッシュレスを上回っている状況も残っています。そこで、もう一段のキャッシュレスの進展のために必要と言われているのが、キャッシュレスの相互運用性を高める仕組みです。この文脈で、金融機関が大同団結してサービス提供していることら送金が注目されます。ただ PayPay に代表される QR コード決済事業者はことら送金の仕組みに参画をしておらず、キャッシュレスの相互運用性を高める別の仕組みが今後出てくるかもしれません。

　もう 1 点動向が注目されるのが、給与のデジタル払い、いわゆるデジタル給与の解禁です。給与支払いは、現金支払いないしは銀行その他金融機関の預貯金口座への振込で行わなければならないという労働基準法施行規則での制約がありました。労働基準法施行規則は、2023 年 4 月に改訂され、資金移動業者の口座への給与支払を認めることとなりました。資金移動業者の口座への給与支払が認められることによって、利用者が入金をする必要がなくなりますので、当該資金移動業者のキャッシュレスの利便性が高まります。

しかし、資金移動業者にとって、指定を獲得するためには、表のような多くの条件を充たす必要がありました（下の表参照）。特に、口座残高上限額（100万円）を超えた場合は速やかに銀行口座に送金すること、破綻時の保証の仕組み、1円単位での引出し可能などの条件が厳しいと言われています。そのため、申請は、2023年4月申請の大手資金移動業者4社に留まりました。そして、1年4か月後の2024年8月9日にようやく1社の申請が認められた状況です[4]。

〔表〕給与のデジタル払いの指定が認められる条件（厚生労働省資料を元に筆者作成）

	指定の条件
1	口座残高上限額を100万円以下に設定し、100万円を超えた場合速やかに100万円以下にするための措置を講じている（速やかに指定した銀行口座への自動送金など）
2	破産等で債務履行が困難となったとき、労働者に対して負担する債務を速やかに労働者に保証する仕組を有している
3	不正な為替取引等により当該労働者に損失が生じたときに、当該損失を補償する仕組みを有している
4	最後に口座残高が変動した日から少なくとも10年は口座残高が有効である
5	ATMを利用することなどにより口座への資金移動に係る額（1円単位）の受取りができ、かつ、少なくとも毎月1回は手数料を負担することなく受け取りができる
6	賃金の支払に関する業務の実施状況及び財務状況を適時に厚生労働大臣に報告できる体制を有する
7	賃金の支払に関する業務を適正かつ確実に行うことができる技術的能力を有し、かつ、十分な社会的信用を有する

---

[4] PayPay、リクルートMUFGビジネス、au PAY、楽天Edyが2023年4月に申請し、2024年8月にPayPayが第1号として指定されています。

参考文献

・厚生労働省「資金移動業者の口座への賃金支払（賃金のデジタル払い）について」

https://www.mhlw.go.jp/stf/seisakunitsuite/bunya/koyou_roudou/

roudoukijun/zigyonushi/shienjigyou/03_00028.html

https://www.mhlw.go.jp/content/11200000/001285137.pdf

4章

証券会社のITシステムとネットワーク

証券会社は、1.1 節で説明した直接金融において、個人や法人の投資家と株式市場や債券市場などの有価証券の市場を繋ぐ役割を果たしています。証券会社は、法的には、2007 年施行の金融商品取引法で規定された登録制の金融商品取引業者ですが、以降も証券会社として説明していきます。預金取扱等金融機関が免許制であるのに対し、参入障壁はやや低いと言えるでしょう。

4.1　証券の4大業務

　証券会社は、株式や債券などの有価証券を取り扱いますが、その主たる業務は、第一に委託売買業務、第二に自己売買業務、第三に引受・売出し業務、第四に募集・売出し業務です（表4-1）。

　第一の委託売買業務は、ブローカー業務とも呼ばれ、投資家からの注文を受けて、有価証券の市場、多くは証券取引所に取り次ぐものです。その仲介をする委託売買手数料が証券会社の収益となります。また有価証券の売買に伴って、資金を預かることもあります。

　第二の自己売買業務は、ディーラー業務とも呼ばれ、証券会社が自己の資金で有価証券を市場で売買して利益を上げることを目指すものです。利益には、売買益と、配当や利子の利益とがあります。売買益は、購入価格と売却価格の差額となりますので、必ずしも利益が出るとは限りません。

　ここまでは、すでに発行されている株式や債券などの売買を行う業務でした。第三の引受・売出し業務、第四の募集・売出し業務は、株式や債券を発行する法人に対して行う業務であり、全く異なる業務です。

4章　証券会社のITシステムとネットワーク

　第三の引受・売出し業務は、アンダーライター業務とも呼ばれ、企業などが株式や債券を新たに発行する際、株式や債券の発行条件を決めたうえで買い取って、一般投資家に販売する業務です。投資家への販売で仮に売れ残った場合は、証券会社が引き取る形になります。したがって、どのような条件で発行するかを調整するのが証券会社の重要な役割になります。複数の証券会社が引き受ける場合、幹事証券会社が条件設定の中心的な役割を果たします。既に発行済みの株式や債券を引き受け売り出すこともあります。

　第四の募集・売出し業務は、セリング業務とも呼ばれ、企業などが株式や債券を新たに発行する際に、一般投資家に株式や債券を販売する業務です。引受・売出し業務との違いは、一時的に発行する株式や債券を預かりますが、売れ残った場合は証券会社が引き取る必要がない点です。幹事証券会社から委託されて、投資家向けの販売のみを行うようなケースです。

〔表 4-1〕証券の 4 大業務（筆者作成）

業務	説明
委託売買業務 （ブローカー業務）	投資家からの注文を受けて、有価証券の市場、多くは証券取引所に取り次ぐ
自己売買業務 （ディーラー業務）	証券会社が自己の資金で有価証券を市場で売買して利益を上げることを目指す
引受・売出し業務 （アンダーライター業務）	企業などが株式や債券を新たに発行する際、株式や債券の発行条件を決めたうえで買い取って、一般投資家に販売する業務
募集・売出し業務 （セリング業務）	一般投資家に株式や債券を販売する業務。売れ残った場合、証券会社が引き取る必要がない点が引受・売出し業務と異なる

4.2 業務系システム

さて、それでは、証券会社のシステムはどのようなものがあるのでしょうか。証券会社によって、実際は様々ですが、典型的と考えられるシステムを図にしてみました（図 4-1）。

証券会社の業務系システムの中心となるのは、委託売買業務（ブローカー業務）に対応するものです。証券会社によって、システムの構成は異なりますが、代表的な業務系システムには、注文・執行・約定処理システム、決済システム、銘柄管理システム、顧客管理システムがあります（表 4-2）。

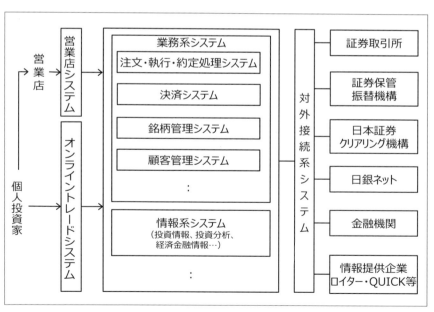

〔図 4-1〕証券会社のシステム概要例（筆者作成）

4章　証券会社のITシステムとネットワーク

〔表 4-2〕証券会社の業務系システム（筆者作成）

システム	内容
注文・執行・約定処理システム	個人や法人からの売買注文に対して、証券取引所への発注を行い、約定した場合にその結果を記録するシステム
決済システム	取引の約定結果に基づいて、実際の資金決済と証券受渡を行うためのシステム
銘柄管理システム	取り扱う株式や債券などの商品別に、発行日や配当・利率の条件などのマスター情報を一元的に管理するシステム
顧客管理システム	顧客別に預かり資産や取引の履歴を一元的に管理するシステム

　注文・執行・約定処理システムは、個人や法人からの売買注文に対して、証券取引所への発注を行い、約定した場合にその結果を記録するシステムです。営業店舗の端末や、インターネット経由の注文に対応しています。また自己売買業務（ディーラー業務）を行う本部端末とも接続しています。

　決済システムは、取引の約定結果に基づいて、実際の資金決済と証券受渡を行うためのシステムです。取引所で成立した取引は、日本証券クリアリング機構などの清算機関において、受渡資金・受渡証券の整理が行われ、証券については、証券保管振替機構、資金については、日本銀行などの決済機関への指示が行われます。清算機関や決済を行う証券保管振替機構や日本銀行に受け渡すためのデータを作って接続するのが決済システムです。

　銘柄管理システムは、取り扱う株式や債券などの商品別に、発行日や配当・利率の条件などのマスター情報を一元的に管理するシステムです。

　顧客管理システムは、顧客別に預かり資産や取引の履歴を一元的に管理するシステムです。

- 92 -

4.3 対外接続系システム

　証券会社の対外接続系システムは、証券会社から外部の証券系のネットワークへの接続をするものです。証券会社の主たる業務である委託売買業務（ブローカー業務）は、顧客の取引を仲介する役割ですので、相手方と取引を行うためには、様々な外部のネットワークを利用する必要があります。具体的には、東京証券取引所に代表される証券取引所、証券保管振替機構、日本証券クリアリング機構などの清算機関があります。これら自体の役割については、4.7節以降で説明します。それ以外に日銀ネット国債系、金融機関、情報提供企業（ロイター、QUICK等）があります。

　顧客との接続では、オンライントレードシステムがあります。インターネットなどを経由して、個人投資家が、株式や債券の取引を行えるようにするもので、顧客が電話や来店をせずに取引を行えるものです。

4章　証券会社のITシステムとネットワーク

4.4　情報系システムなど

　証券会社では、様々なデータをもとに、投資家や社内に向けて、情報系システムのサービスも提供しています。

　投資家を含めて情報提供するシステムには、第一に投資情報システム、第二に投資分析システム、第三に経済・金融情報システムがあります（表4-3）。

　第一の投資情報システムは、投資家に、株式や債券の時価やマーケットの状況をリアルタイムで知らせるシステムです。

　第二の投資分析システムは、株式や債券などの評価や財務分析と株価の関連など、多面的な分析情報を投資家に知らせるシステムです。

　第三の経済・金融情報システムは、外部の情報提供企業からの情報も活用して、経済や金融関係の速報や、今後の経済や金融全般の見通しなどを投資家に知らせるシステムです。

　社内に向けた情報システムとしては、営業支援システムがあります。例えば、顧客別に、保有商品のポートフォリオや取引履歴を分析・評価し、営業店の個人向けの営業を支援するようなシステムです。

〔表4-3〕証券会社の情報系システムなど（筆者作成）

システム	内容
投資情報システム	投資家に、株式や債券の時価やマーケットの状況をリアルタイムで知らせるシステム
投資分析システム	株式や債券などの評価や財務分析と株価の関連など、多面的な分析情報を投資家に知らせるシステム
経済・金融情報システム	外部の情報提供企業からの情報も活用して、経済や金融関係の速報や、今後の経済や金融全般の見通しなどを投資家に知らせるシステム
営業支援システム	顧客別に、保有商品のポートフォリオや取引履歴を分析・評価し、営業店の個人向けの営業を支援するようなシステム

その他、自己売買業務を行うためのディーリング・トレーディングシステムや、海外の証券市場との取引を行う国際系システムなどがあります。

4章 証券会社のITシステムとネットワーク

4.5 オンライン証券

　オンライン証券は、実店舗を持たず、インターネット取引で株式や債券の売買や投資信託の購入を受け付ける業態です。1999年の小口株式売買手数料の自由化を機に一斉に市場参入が相次ぎ、一時は60社以上が参入しましたが、競争による淘汰により、2010年代以降、大手5社で8割近いシェアを占める集約度となっています。大手5社とは、SBI証券、楽天証券、マネックス証券、松井証券、auカブコム証券の5社です。その中でも、営業収益（製造業の売上高に相当）ベースで、SBI証券が首位で楽天証券がそれを追いかけています。他の3社とは大きな差がついています（図4-2）。また個人向けの株式売買取引では、SBI証

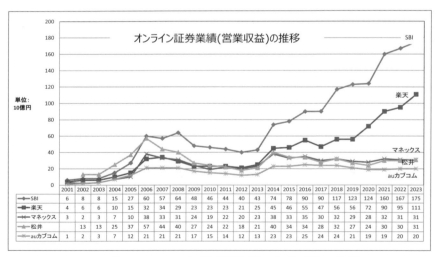

〔図4-2〕オンライン証券営業収益の推移（筆者作成）
注：会社名は2024年現在の名称。なお楽天証券は2019年から12月決算、それ以外は3月決算

- 96 -

券は、野村証券を上回る口座数を保有しています。

　店舗を構える証券会社と異なり、営業担当がいないため、マーケティングにより顧客の獲得を図っています。2023年9月末からSBI証券は、国内株式売買手数料の無料化を実施し、楽天証券も同年10月1日からこれに追随しました。また店舗を構えていない分、SBI証券や楽天証券は、独立系のFP会社と提携しています。

　オンライン証券のITシステムに関しては、店舗を構える証券会社が、野村総合研究所や大和総研の提供する共同利用型のITシステムを活用するケースが多いのに対し、オンライン証券5社は独自の内製化したITシステムを構築している点が特徴となっています。

4.6 証券決済の仕組み

証券会社は、取引市場に取引を仲介しますが、証券と資金の決済を行うためには、取引の成立後、いくつかの機関を経由して決済を行っています。大まかな仕組みは以下の通り（図4-3）です。

証券取引を行う購入（希望）者と売却（希望）者は、それぞれ証券会社経由で発注を行い、証券取引所で売買取引がマッチングして成立したとします。その後、取引のデータは、相互に照合されたうえで、清算機関に送られ、そこで取引結果が集計されます。その際、反対の取引がある場合などは決済を相殺することで、全体の決済件数や決済金額を削減す

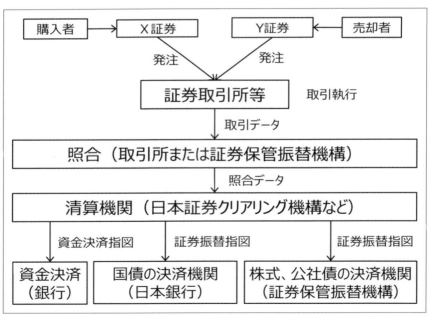

〔図 4-3〕証券決済の仕組み（筆者作成）

ることがあります。このように相殺することを「ネッティング」を行う
といいます。証券取引の場合、資金決済だけでなく、証券の受渡しを行
う必要があります。資金決済と証券の受渡しは、同時履行されます。資
金決済は、銀行の口座振替で行われ、銀行間の決済は、日本銀行で行わ
れます。一方の証券の受け渡しは、国債以外は、証券保管振替機構の帳
簿を付け替えする形で行われます。国債は日本銀行の日銀ネット国債系
の付け替えの形で行われます。資金決済と証券決済（受渡）の同時履行
を、DVP（Delivery Versus Payment）決済と言います。DVP 決済により、
相手方に資金を渡したが、証券を受け取れなかったとか、証券を渡した
が、代金を受け取れなかったといった、決済に伴うリスクを排除するこ
とができています。これは、決済機関に取引をする双方が口座を保有す
ることで、実現できているのです。

4.7　証券取引所

　我が国の証券取引所は、東京、名古屋、福岡、札幌にありますが、代表的な取引所である東京証券取引所について、説明していきます。東京証券取引所は、2013年に大阪取引所と経営統合して、「日本取引所グループ」の取引所となっていて、株式の売買取引を行っています。なお、大阪取引所は、経営統合以前に東京証券取引所で行っていたデリバティブ部門を吸収して、デリバティブ部門を中心とした取引所となっています。経営統合により、東京と大阪の役割分担を明確にしたと言えるでしょう。

　東京証券取引所のシステムには、第一に売買システム、第二に清算系システム、第三に、第四に情報系システムがあります（表4-4）。

　第一の売買システムでは、2010年1月にリリースした株式売買システム「arrowhead」（アローヘッド）が何といっても東京証券取引所の中核のシステムです。arrowhead は、国際的な取引所間の競争激化や、2005年から2006年ころのシステム障害を背景に企画され、処理速度の高速性、拡張性、柔軟性、可用性の高さを実現するシステムです。その

〔表 4-4〕東京証券取引所のシステム（筆者作成）

システム	内容
売買システム	株式売買システム「arrowhead」（2010年1月リリース）が東京証券取引所の中核のシステム。株式と、転換社債型新株予約権付社債の売買を行う
清算系システム	日本証券クリアリング機構で行われる有価証券の清算・決済業務で利用されるシステム
ネットワークシステム	「arrownet」と呼ばれ、証券会社と東京証券取引所のプライマリセンター、セカンダリセンター（バックアップサイト）をつなぐ高速大容量のネットワーク
情報系システム	取引参加者や上場企業との書類受渡の電子化システム（Target）、上場企業の適時情報開示情報を電子化して、報道機関や投資家に伝えるシステム（TDnet）など

－ 100 －

後、2015年、2019年にリニューアルを行っており、2024年11月にもリニューアルされる予定です。取り扱っているのは、株式と、転換社債型新株予約権付社債の売買です。また証券取引所の通常の取引時間（立会取引）以外に行われる取引を立会外取引と言いますが、立会外取引に関しては、ToSTNeTというarrowheadとは別システムが対応しています。

第二の清算系システムは、後述する日本証券クリアリング機構で行われる有価証券の清算・決済業務で利用されるシステムを提供するものです。

第三のネットワークシステムは、「arrowhead」を支えるもので、「arrownet」と呼ばれ、証券会社と東京証券取引所のプライマリセンター、セカンダリセンター（バックアップサイト）をつなぐ高速大容量のネットワークです。万一の場合にも備え、異経路接続も実現しています。

第四の情報系システムには、Targetと呼ばれる取引参加者や上場企業との書類受渡の電子化システムや、TDnetと呼ばれる上場企業の適時情報開示情報を電子化して、報道機関や投資家に伝えるシステムなどがあります。

国内4か所の証券取引所以外に、私設取引システム（PTS：Proprietary Trading System）があります。取引所は免許が必要なのに対し、PTSは認可制で証券会社が兼業で運営できます。2024年4月現在、日本には、2007年開業のSBI系のジャパンネクストPTS（JNX）、2010年開業の外資系のCboePTS[1]（Chi-X）、2022年開業のデジタル証券取扱の大阪デジタルエクスチェンジの3社があります。

---

[1] Chicago Board Options Exchange（シーボー）

4.8　証券保管振替機構

　証券保管振替機構は、株券などの有価証券の保管、受け渡しを簡素化することを目的として制定された我が国唯一の運営機関で、「ほふり」とも呼ばれます。法的根拠は、「社債、株式等の振替に関する法律」（振替法）に基づく「振替機関」で、1984 年に設立され、1991 年から保管振替事業を開始しました。2002 年に株式会社化されました。証券取引所、証券業協会、証券会社、銀行等が出資しており、筆頭株主は日本取引所グループです。上場株式のほか、国債を除く公共債、社債、短期社債（いわゆる電子 CP）、投資信託など、資本市場（証券市場）における多岐にわたる種類の電子化された有価証券の振替その他の総合的な証券決済インフラ業務を行っています。

　2014 年、2020 年にシステムを更改しており、2020 年には、株式等口座振替システムについて、メインフレームからオープン基盤への移行を行いました。

　証券保管振替機構では、有価証券売買後における投資家、証券会社、信託銀行等の関係者間の取引データの照合についても、人手を介さずに行う決済照合システムを運営しています。決済照合システムでは、証券会社の売買報告データと投信・投資顧問会社の運用指図データの照合、売買データと運用指図データの信託銀行への送信、決済指図データの自動作成、振替請求データの振替システムへの送信などを行っています。

4.9 清算機関（日本証券クリアリング機構）

　国内有価証券取引成立後の決済の清算金額を確定させるのが、清算機関です。清算機関は、売買の一方の当事者の（証券・商品の引渡しまたは資金支払い）債務を引き受けると同時に、それに相当する債権（証券・商品または資金の受領）を取得し、原約定の相手方に代わり清算機関が決済における一方の当事者として参加者との間で授受を行う主体となり、決済履行を保証します。わが国では、2003年から株式会社日本証券クリアリング機構（JSCC）が業務を行っています。日本証券クリアリング機構は、取引所で成立したすべての取引について、セントラルカウンターパーティとして、清算を行います。取引当事者との債権・債務関係のうち相殺可能な部分は相殺（ネッティング）したうえで、国債以外の証券決済を証券保管振替機構へ、国債の決済と資金決済を日本銀行へ振替の指示を行っています。

　本節の最後に、決済期間の短縮の動きについて説明します。国内株式の決済期間は、取引日（T）の2営業日後に株式の受け渡しを行う「T+2」の方式となっています。2019年7月に海外主要国の決済期間短縮化に追随する形で、それまでの「T+3」（取引日の3営業日後に決済）から「T+2」に短縮されました。国債のリテール取引やそれ以外の国内債券についても2020年7月に「T+3」から「T+2」に決済期間が短縮されています。なお国債の機関投資家や金融機関との決済に関しては、2018年5月以降すでに「T+1」に期間が短縮されています。今後、株式等についても、「T+1」を目指す動きがあります。

－ 103 －

4.10 証券取引所のシステム障害事例

　本節では、2020年10月1日（木）の証券取引所のシステム障害事例を採り上げます。このシステム障害では、終日取引所における株式売買が停止になるという大きな問題が発生し、証券取引所のシステム障害の影響の大きさが改めて認識されました。

　2020年10月1日の朝7時4分に、株式売買システムの共有ディスク装置（NAS：Network Attached Storage）1号機で障害が発生しました。本来障害が発生すると別機への自動切替ができるはずですが、それができず、手動切替も市場の開始までに間に合わなかったため、8時36分に株式全銘柄取引を立会い開始から停止することになりました。その後、午後からの取引再開に向け、取引所から証券会社やシステム提供ベンダーにヒアリングをしましたが、対応可能参加者のシェアが5割に満たなかったため、11時過ぎに午後も株式全銘柄取引を停止することになりました。

　この取引の根本原因分析は、図4-4の通りです。直接の原因は、共有ディスク装置のメモリーカードの故障です。自動切替ができるような備えをしていたはずでしたが、製造元が自動切替の初期値を変更していたにもかかわらず、納品ベンダーが初期値を従前の値に変更し、確認のためのテストを実施していなかったため、自動切替が作動しなかったのです。更に手動切替の手順が整備されておらず、手動切替に時間を要したため、9時過ぎに約定情報が配信されてしまい、取引参加者の了解を取らない限り売買再開が困難になりました。売買停止後の売買再開に向けた手続きやルールが用意されていなかったことも大きな問題点で、対応

－ 104 －

できる参加者の売買シェアが38%にとどまったため、再開することでより大きな混乱が生じるとの判断が成され、終日売買停止とせざるを得ないこととなりました。

この障害では、共有ディスク装置（NAS）の二重化の自動切替の設計の確認を自社で行わず、ベンダー任せで不十分だったことと、市場関係者である証券会社や情報システムベンダー等との障害を前提とした事前の合意形成が無かったことが、課題として浮かび上がりました。その後、後者について売買停止や取引再開に係るルールを明確化するなどの改善がなされました。これにより、従来の予防重視の対策に加え、システム障害からの回復、復旧を本格的に視野に入れた準備が行われるようになった点が、大きな進展であったと考えています。

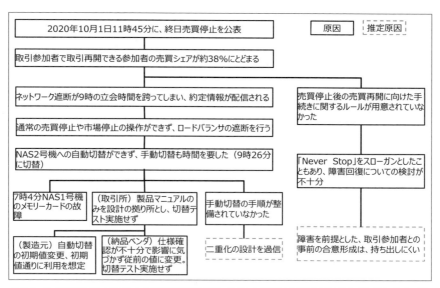

〔図4-4〕2020年10月1日証券取引所システム障害の根本原因分析（筆者作成）

参考文献

・遠藤正之（2016）「金融情報システムのリスクマネジメント」日科技連
　出版社
・金融情報システムセンター（2023）「令和6年度版金融情報システム白
　書」
・中島真志、宿輪純一（2008）「証券決済システムのすべて第2版」東洋
　経済新報社
・日本証券クリアリング機構HP
　https://www.jpx.co.jp/jscc/
・証券保管振替機構HP
　https://www.jasdec.com/
・システム障害に係る独立社外取締役による調査委員会 (2020)「調査報
　告書」
　https://www.jpx.co.jp/corporate/news/news-releases/0020/20201130-03.
　html

保険会社のITシステム

５．１　保険会社と保険のカテゴリー

　保険会社は「保険業法」で営業免許を与えられた金融機関のみが行うことができる事業会社です。保険には大きく分けて３つのカテゴリーがあります。保険業法では、保険を三つの分野に大別しています。第一分野は生命保険、第二分野は損害保険、第三分野は生命保険・損害保険のどちらともいえない保険です（表5-1）。

　第一分野の生命保険とは、人の生存ないし死亡に関して保険金を支払う保険のことで、生命保険会社のみが引受できます。

　第二分野の損害保険とは、一定の偶然の事故によって生じた損害額に応じて保険金を支払う保険で、損害保険会社のみが引受できます。代表的なものは火災保険や自動車保険です。なお、生命保険会社と損害保険会社の両方を一つの会社で兼営することは認められていません。

　それでは生命保険・損害保険でもない第三分野の保険にはどのようなものがあるのでしょうか。傷害保険、医療保険、所得補償保険などがあり、生命保険会社でも損害保険会社でも引き受け可能です。例えば傷害保険は、人に係るものでかつ事故に係るものであることから、生命保険と損害保険の中間に位置するものと言えるでしょう。このような考え方

〔表 5-1〕保険の３カテゴリー（筆者作成）

カテゴリー	対象商品の特徴
第一分野（生命保険）	人の生存ないし死亡に関して保険金を支払う保険。生命保険会社のみが引受可能
第二分野（損害保険）	一定の偶然の事故によって生じた損害額に応じて保険金を支払う保険。損害保険会社のみが引受可能
第三分野	傷害保険、医療保険、所得補償保険など。生命保険会社でも損害保険会社でも引受可能

5章　保険会社のITシステム

で、さまざまなバリエーションの保険が作られています。

　免許制の生命保険会社や損害保険会社の枠外で、少額短期保険という制度が 2006 年 4 月 1 日に改正保険業法により、施行されました。少額短期保険では、保険期間、保険金額の上限が決まっています。保険期間については、損害保険の期間が 2 年以内、生命保険、医療保険の期間が 1 年以内と定められています。保険金額の上限は、死亡保険が 300 万円、損害保険が 1,000 万円以内、総額 1,000 万円以内となっています。一般の生命保険会社、損害保険会社が金融庁の免許制であるのに対し、少額短期保険業者は、財務局の登録制と参入のハードルも低くなっており、生命保険と損害保険の兼営も可能です。

　2024 年 8 月 20 日現在で、生命保険会社は 41 社、損害保険会社は 57 社、少額短期保険業者は 121 社となっています。

－ 110 －

5.2 生命保険

　生命保険会社に関して、相互会社形態の会社があります。相互会社は、株式会社での株主に当たるのが、保険の契約者であるという形態です。契約者の中から選任された総代による総代会が意思決定機関となります。もともとは、多くの会社が相互会社形態だったのですが、2000年の保険業法改正により、株式会社化が促進されました。大手の一角では第一生命保険が2010年に株式会社化しました。現在は、大手の中に相互会社形態の会社が5社残っています。具体的には日本生命保険、朝日生命保険、富国生命保険、住友生命保険、明治安田生命保険です。

　さて、保険会社のビジネスの考え方は、大数の法則を背景としています。大数の法則とは、試行回数が限りなく大きくなると、事象の発生確率は、想定した確率に収斂するという考え方です。生命保険の場合、年齢別の死亡率を算出することで、保険料水準を決定することができるということになります。保険金を多数の契約者から集めることで、死亡といったリスク事象が発生したごく少数の人の遺族への支払いに充てることができるということになります。

　生命保険会社の場合、保険料は、予定死亡率、予定利率、予定事業費率の3つの予定利率で計算しています。経営努力により毎年剰余金を計上し、契約者に配当還元することを目指しています。生命保険会社の剰余金発生原因は3つに分解できます。第一に死差益、第二に利差益、第三に費差益です（表5-2）。

　第一の死差益は、想定する死亡確率（予定死亡率）と実際の死亡確率の差です。第二の利差益は、保険料の運用による収益に関して、計画時

5章　保険会社のITシステム

〔表5-2〕生命保険会社の剰余金発生原因（筆者作成）

発生原因	説明
死差益	想定する死亡確率（予定死亡率）と実際の死亡確率の差
利差益	保険料の運用による収益に関して、計画時に予定した収益（予定利率による収益）を上回った場合の差
費差益	予定事業費率による事業費より実際の事業費を少なくすることができた場合の差

に予定した収益（予定利率による収益）を上回った場合の差です。第三の費差益は、予定事業費率による事業費より実際の事業費を少なくすることができた場合の差です。

　生命保険会社の商品としては、個人が加入する保険と企業や職域で加入することで、一定の割引を受けることができる団体生命保険があります。

　保険の種類としては、大きく分けて死亡リスクに備える保険と生存リスクに備える保険があります。死亡リスクに備える保険としては、被保険者の死亡ないし高度障害の時に保険金が支払われるものですが、定期保険、終身保険があります。定期保険は保障期間が限定されており、例えば一般の企業の定年になる65歳までの保障というのが典型的な例です。一方で終身保険は、保障期間が限定されていません。定期保険と終身保険を組み合わせた定期保険特約付終身保険もあります。

　一方で生存リスクに備える保険としては、被保険者が一定期間生存した場合のみ支払いが行われるもので、個人加入の個人年金保険と団体で加入の企業年金保険が代表的な商品です。

　さらに生存と死亡の両方のリスクに対応する生死混合型の保険として、保険期間に死亡した場合と、保険期間が満了した場合の両方のケースで保険金が支払われるものとして、養老保険があります。表5-3に代表的な生命保険の種類をまとめました。

− 112 −

[表 5-3] 代表的な生命保険の種類（筆者作成）

	個人加入	団体加入
死亡保険	定期保険、終身保険 定期保険特約付終身保険	団体定期保険（1年更新） 団体信用生命保険
生存保険	個人年金保険	企業年金保険
生死混合保険	養老保険 定期保険特約付養老保険	－

　生命保険会社によって実際は様々ですが、典型的なシステム例では、業務系システム、情報系システム、資金運用系システムなどで構成されます（図5-1）（表5-4）。

　業務系システムは、保険契約に関するシステムです。契約管理システム、保険料収納管理システム、保険金支払管理システムなどとそれらを支える数理計算システムがあります。

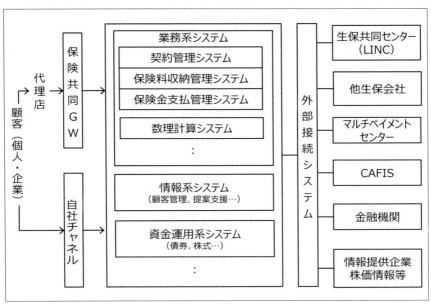

[図 5-1] 生命保険会社のシステム例（筆者作成）

5章　保険会社のITシステム

〔表5-4〕生命保険会社のシステム（筆者作成）

システム	説明
業務系システム	保険契約に関するシステム。契約管理システム、保険料収納管理システム、保険金支払管理システムなどとそれらを支える数理計算システムがある
情報系システム	顧客管理のためのシステム、提案支援システム、営業活動に用いられる携帯端末のシステムなど
資金運用系システム	保険の契約で調達した資金を債券市場や株式市場などで運用するためのシステム

　契約管理システムは、個人や法人との契約を管理するシステムで4つの特徴があります。第一に幅広いチャネルからの契約があること、第二に契約が長期にわたること、第三に保険数理計算処理があること、第四に情報セキュリティの統制が求められることが特徴です（表5-5）。

　第一の幅広いチャネルからの契約があることについては、まず営業職員や保険代理店での販売が全国で行われています。最近では、「ほけんの窓口」などに代表される来店型で、多数の保険会社の商品サービスを取り扱う乗り合い型の保険ショップでの販売や銀行での窓口販売などのように、多種多様な販売チャネルが広がっています。またライフネット生命保険に代表されるような、インターネット専業保険会社も若年層向けに一定の販売実績を上げています。

　第二の契約が長期にわたることに関しては、死亡保険や年金保険が主力商品であり、長期間にわたって、同一の契約を維持管理することが必要になります。保険契約には主契約に加えて、特約等の付随契約もあり、住所変更、契約者変更、保険金受取人変更などの異動を様々な特約を含めて管理する必要があります。また契約者には解約返戻金を担保にして、契約者貸付けを行うことも機能として必要になります。

　第三の保険数理計算処理があることについては、保険は、契約者の年齢や希望する補償内容によって、個人別にカスタマイズされることが一

－ 114 －

〔表 5-5〕契約管理システムの特徴（筆者作成）

特徴	説明
幅広いチャネルからの契約があること	営業職員、保険代理店、乗り合い型保険ショップ、銀行での窓口販売、インターネット保険など、多種多様な販売チャネルがある
契約が長期にわたること	死亡保険や年金保険が主力商品であり、長期間にわたって、様々な特約を含めて管理することが必要
保険数理計算処理があること	契約者の年齢や希望する補償内容によって、適切な保険数理計算で、正確な保険料を、個人別にカスタマイズして契約見込みの顧客に提示することが必要
情報セキュリティの統制が求められること	生命保険引受時に取得した個人の病歴などの機微情報の参照権限を最小限の範囲にする統制が必要

般的です。したがって、適切な保険数理計算により正確な保険料を算出して、契約見込みの顧客に提示することが求められます。

第四の情報セキュリティの統制が求められることについては、個人の病歴などの機微情報を保有しているためです。生命保険の引受可否の判断や、保険料計算を行う際に、個人の病歴などを告知してもらいます。情報セキュリティに関して、機微情報の参照権限を最小限の範囲にする統制が必要になります。

ここまで業務系システムの中でも、契約管理システムにフォーカスしてきましたが、他のシステムについて以下で説明します。

保険料収納管理システムに関しては、営業職員経由での収納に加え、保険代理店経由での収納に関しての管理を行う必要があります。

保険金支払管理システムに関しては、契約者の死亡や高度障害等の支払請求事象の発生が起因となり、請求が行われます。請求に対して、事実確認や審査を行ったうえで、保険金を支払う業務があり、その支援をIT システムで行います。

情報系システムに関しては、顧客管理のためのシステムや、提案支援システムや、営業活動に用いられる携帯端末のシステムなどがあります。

🏦 5章　保険会社のITシステム

　資金運用系システムは、保険の契約で調達した資金を債券市場や株式市場等で運用するためのシステムです。

5.3 生命保険会社のネットワークシステム

　生命保険会社のネットワークシステムとして、1986年5月に生保共同センター（LINC：Life Insurance Network Center）が設置されました。生保共同センターの目的は、契約者サービスの向上と事業経営の一層の効率化です。生保共同センターでは、業界共同ネットワークを構築しています。主な業務は、企業年金や団体保険などの共同引受契約に伴う資金決済、月払団体扱生命保険の保険料請求データの集配信、生命保険募集人の登録、モラルリスク対策のための契約内容の登録・照会があります。

　具体的なシステムには、各社間決済システム、生命保険団体扱インターネットサービスシステム、財形保険データ集配信システム、医療保障保険契約内容登録システム、生命保険募集人登録システム、契約内容登録システム、支払査定時照会システム、死亡率等統計システムなどがあります（表5-6）。

　各社間決済システムは1986年の開設時に稼働が開始されたもので、生命保険会社間の資金決済を行います。例えば団体保険や企業年金の共同引受に関して、幹事生命保険会社と非幹事生命保険会社との間の保険料、保険金等の資金決済にかかわる業務を行います。

　生命保険団体扱インターネットサービスシステムは、各生命保険会社の団体扱個人保険契約における生命保険会社と団体間の収納事務を行うもので、1986年に稼働した月払団体生命保険データ集配信システムの後継システムとして2009年4月からデータ連携にインターネット接続暗号化通信を採用して稼働しているものです。

－ 117 －

🏛 5章　保険会社のITシステム

〔表 5-6〕生保共同センター（LINC）の主なシステム
（金融情報システムセンター（2023）による）

システム名	稼働開始時期	概要
各社間決済システム	1986 年 5 月	生命保険会社間の資金決済業務
生命保険団体扱インターネットサービスシステム	2009 年 4 月	団体扱個人保険契約における複数生命保険会社と団体（企業）間の収納事務
財形保険データ集配信システム	1988 年 2 月	財形契約に関わる複数生命保険会社と企業間のデータ交換の媒介業務
医療保障保険契約内容登録システム	1988 年 4 月	同一被保険者の医療保障保険への重複加入状況の確認業務
生命保険募集人登録システム	1988 年 7 月	募集人資格保有者の登録代理申請並びに登録原簿に関する業務
契約内容登録システム	1989 年 10 月	新契約申込時、入院給付金並びに保険金の重複加入状況確認業務
支払査定時照会システム	2005 年 1 月	保険金・給付金等の支払査定時のモラルリスク対策強化を図るための生保各社による情報交換業務
死亡率等統計システム	2008 年 10 月	生保各社から死亡率等統計データを収集し、統計資料を作成する業務

　財形保険データ集配信システムは、1988 年に稼働したデータ連携システムです。企業の財形保険を複数生命保険会社が引き受けることから共同システムが必要になりました。非幹事生命保険会社の財形保険料データを企業ごとに一本化して、業態幹事生命保険会社へ連携するシステムです。逆に業態幹事生命保険会社から連携された引去り結果を非幹事生命保険会社ごとに振り分け返却します。

　医療保障保険契約内容登録システムは、医療保障保険に関して、生命保険会社間の契約者のモラルリスク対策を目的にする情報共有システムで、1988 年に稼働したシステムです。生命保険制度の悪用への対応の一環として、医療保険の重複加入状況等の登録された内容について契約の引受の際の判断の参考とするものです。

　生命保険募集人登録システムは、1988 年に稼働したシステムで、生命保険協会が実施する試験受験者データをもとに、各生命保険会社が募

－ 118 －

集人資格所有者をこのシステムに登録します。本システムでは、転職者などの二重登録や廃業した募集人の登録がないかなどのチェックを行います。

　契約内容登録システムは、1989 年に稼働したシステムで、死亡保険を含めた生命保険会社間の契約者のモラルリスク対策を目的としています。生命保険会社は、保険契約の申込みの都度、このシステムに登録し、契約の申込みを受ける際に、重複加入状況など登録された内容を確認して引受の参考とするものです。

　支払査定時照会システムは、2005 年に稼働したシステムで保険金給付金の請求があった時に、必要に応じて他の生命保険会社に対し、保険契約に関する事項について相互に照会するシステムです。モラルリスク対策の一つであり、照会結果情報の提供を受けて、支払いの判断や契約の解除や無効の判断の参考とするものです。

　死亡率等統計システムは、2008 年に稼働したシステムで、生命保険会社各社から収集した死亡率等統計データをもとに、業界全体の死亡率などの統計を作成して、各生命保険会社に提供するものです。

5.4　損害保険

　損害保険業界の特徴として、大手損害保険会社の統合が進み、現在は
3メガグループ、4大損害保険となっている点があります。損害保険の
3メガグループとは、東京海上ホールディングス、SOMPOホールディ
ングス、MS & ADインシュアランスグループホールディングスで、4
大損害保険は、東京海上ホールディングス傘下の東京海上日動火災保険、
SOMPOホールディングス傘下の損害保険ジャパン、そしてMS & ADイ
ンシュアランスグループホールディングス傘下の三井住友海上火災保険
とあいおいニッセイ同和損害保険です。東京海上日動火災保険は、2004
年に東京海上火災保険と日動火災海上保険との合併によりできた会社で
す。損害保険ジャパンは、2002年の安田火災海上保険、日産火災海上
保険、大成火災海上保険の合併に加え、2014年の日本興亜損害保険と
の合併による会社です。三井住友海上火災保険は、2001年に三井海上
火災保険と住友海上火災保険の合併によってできた会社です。あいおい
ニッセイ同和損害保険は、2010年にあいおい損害保険とニッセイ同和
損害保険が合併した会社です。その源流であるあいおい損害保険は
2001年に大東京火災海上保険と千代田火災海上保険の合併によるもの
です。同じく源流のニッセイ同和損害保険は、2001年に同和火災海上
保険とニッセイ損害保険の合併によるものです（図5-2）。

　損害保険商品は、個人向け損害保険と法人向け損害保険に大別されま
す（表5-7）。個人向け損害保険の代表的なものは住宅に関する火災保険
や地震保険、自動車事故に対応する自動車保険ですが、第三分野の傷害
保険、海外旅行保険、スポーツのリスクに対応するゴルファー保険など

もあります。

　法人向け損害保険には、火災保険などの企業財産の損害に対応する保険、営業車の自動車保険、貨物や運送に係る保険、船舶の保険、事故での賠償責任の保険、サイバーリスク関連の損害を補償する保険、イベントが中止になった場合の損害を補償する興行中止保険などがあります。様々な事故やリスクに対応するものであり、リスクの種類だけ保険の種類もあると言えます。

　損害保険会社のシステムには、損害保険の特徴によるシステムニーズがあります。第一に生命保険と比較して短期契約が多いこと、第二に保

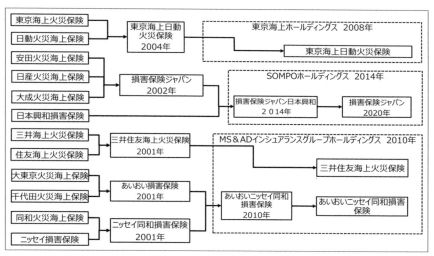

〔図 5-2〕大手損害保険会社の統合概要（筆者作成）

〔表 5-7〕代表的な損害保険の種類（筆者作成）

	個人向け	法人向け
住宅・財産	火災保険・地震保険	火災保険、盗難保険、動産総合保険
自動車・輸送	自家用自動車保険、自賠責保険	自動車保険、自賠責保険、貨物海上保険、船舶保険、航空保険
賠償・損失補償（第三分野）	傷害保険、海外旅行傷害保険、ゴルファー保険	賠償責任保険、労働災害総合保険、サイバーリスク保険、興行中止保険

障対象の事象が様々で多品種であること、第三に代理店での販売が営業活動の中心になっていることがあります（表5-8）。

　第一の生命保険と比較し短期契約が多いことについては、様々な情勢により事故の発生確率が変化するため、保険料の見直しが必要なためです。自動車保険など1年契約の商品が多く、火災保険もかつては10年まで可能でしたが、2022年10月から最長5年となりました。そのため、システム更改時の契約の移行に関して、一斉に移行するのではなく、満期に契約更新するタイミングで順次移行することが多く行われます。

　第二の保障対象の事象が様々で多品種であることは、事故に関する損害や賠償のバリエーションが多種多様であり、それぞれに対応するために保険の設計をする必要があるためです。その結果、様々な情報を取り込んだ契約マスタを保有する必要があります。

　第三の代理店での販売が営業活動の中心になっていることに関しては、自動車ディーラー、自動車整備工場、住宅販売を行う不動産業者、ローン受付の銀行など、保険の対象となる商品を販売する際に、セットで販売されることが多くあります。よって、様々な代理店で間違いのない処理が行われるユーザーインターフェースが求められます。

　損害保険会社によって実際は様々ですが、典型的なシステム例では、

〔表5-8〕損害保険の特徴によるシステムニーズ（筆者作成）

損害保険の特徴	システムニーズ
生命保険と比較し短期契約が多い	様々な情勢により事故の発生確率が変化するため、保険料の見直しが必要。システム更改時の契約の移行は、満期契約更新時に順次移行することが多い
保障対象の事象が様々で多品種	事故に関する損害や賠償のバリエーションが多種多様であり、様々な情報を取り込んだ契約マスタを保有する必要
代理店での販売が営業活動の中心	自動車ディーラー、自動車整備工場、住宅販売を行う不動産業者、ローン受付の銀行などが代理店になっている。様々な代理店で間違いのない処理が行われるユーザーインターフェースが必要

基幹業務系システム、損害サービスシステム、情報系システム、資金運用系システム、外部接続システムなどで構成されます（図5-3）（表5-9）。

基幹業務系システムには、契約計上システム、契約管理システム、保険料収納システム、満期管理システムなどがあります。契約計上システムは、代理店から受け取った契約条件を元に契約マスタを登録し、保険証券の発行を行います。契約管理システムは契約締結後の契約マスタにその後の異動データの管理を行うシステムです。保険料収納システムは、保険の申し込み後の分割払い時の請求書の発行や、金融機関の保険料引き落し結果データの消込を行うものです。満期管理システムは契約期間の終了前に、契約の更新を行うための案内を行い、契約の更新を促進するシステムです。

損害サービスシステムは、事故が発生した際に、契約者からの連絡を

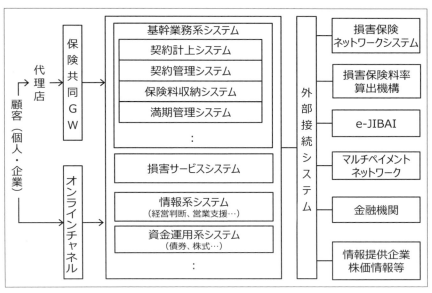

〔図5-3〕損害保険会社のシステム例（筆者作成）

5章 保険会社のITシステム

〔表 5-9〕損害保険会社のシステム（筆者作成）

システム	説明
基幹業務系システム	契約計上システム…代理店から受け取った契約条件を元に契約マスタを登録し、保険証券の発行を行うシステム 契約管理システム…契約締結後の契約マスタにその後の異動データの管理を行うシステム 保険料収納システム…保険の申し込み後の分割払い時の請求書の発行や、金融機関の保険料引き落し結果データの消込を行うシステム 満期管理システム…契約期間の終了前に、契約の更新を行うための案内を行い、契約の更新を促進するシステム
損害サービスシステム	事故が発生した際に、契約者からの連絡を受け付けて、損害金の査定や事故対応の進捗、保険金の支払いまでを支援管理するシステム
情報系システム	基幹業務系システムや損害サービスシステムなどから得られる情報を加工して、経営判断や営業の支援を行うシステム
資金運用系システム	預かった保険料を株式や債券で運用するためのシステム
外部接続システム	損害保険ネットワークシステム、損害保険料算出機構、e-JIBAIシステムなどとの接続を行うシステム

受け付けて、損害金の査定や事故対応の進捗、保険金の支払いまでを支援管理するシステムです。事故の損害は様々であり、保険金の支払い額も事故の程度や、過失割合によって異なってくるため、様々な判定機能を含むシステムになります。

　情報系システムは、基幹業務系システムや損害サービスシステムなどから得られる情報を加工して、経営判断や営業の支援を行うシステムです。

　資金運用系システムは、生命保険の場合と同様、預かった保険料を株式や債券で運用するためのシステムです。

　外部接続システムは、損害保険ネットワークシステム、損害保険料算出機構、e-JIBAIシステムなどとの接続を行うシステムです。

－ 124 －

5.5 損害保険会社のネットワークシステム

損害保険会社のネットワークシステムとしては、損害保険ネットワークシステム、損害保険料率算出機構、自賠責保険のシステムであるe-JIBAI があります。

損害保険ネットワークシステムは、日本損害保険協会が運営する損保ネットワークセンターのシステムで、国内損害保険会社、外国損害保険会社、生保系損害保険会社など53機関が利用しています（2023年11月現在）。

損害保険ネットワークシステムには、自動車保険無事故・事故情報交換システム、自動車事故情報交換システムのような契約や保険金支払い時の情報交換のシステムや、代理店情報確認システム、人保険事故等情報交換システム、契約登録情報交換システムのような、モラルリスク対策のための情報共有システムがあります。また決済に係る情報を交換する目的の、汎用データ交換システム、任意・自賠責一括仮払・決済システム、団体データ共同システム、損害保険料口座振替データ交換システム、代理店登録電子申請システムがあります（表5-10）。

自動車保険無事故・事故情報交換システムは、当初の1986年に稼働したもので、契約時に自動車保険の無事故割引確認のために、前年付保会社に契約内容や事故の有無などを照会するシステムです。

自動車事故情報交換システムは、1988年に稼働し、保険金支払時に自動車保険の車両・対物事故情報を交換するものです。

代理店情報確認システムは、1989年に稼働開始したもので、不適当な行為をした代理店やその使用人、職員の情報を共同利用するシステムです。

5章　保険会社のITシステム

〔表 5-10〕損害保険ネットワークシステムの主なシステム
（金融情報システムセンター（2023）による）

システム名	稼働開始時期	概要
自動車保険無事故・事故情報交換システム	1986 年 10 月	自動車保険の無事故割引確認のために、前年付保会社に契約内容や事故の有無などを照会する
自動車事故情報交換システム	1988 年 12 月	保険金支払時に自動車保険の車両・対物事故情報を交換する
代理店情報確認システム	1989 年 12 月	不適当な行為をした代理店やその使用人、職員の情報を共同利用する
人保険事故等情報交換システム	1990 年 12 月	自動車保険や傷害保険の人に係る保険等で、不正請求を排除するために、事故の受付の有無を情報交換する
契約登録情報交換システム	2001 年 6 月	害保険等の契約内容を登録して、重複契約や高額契約の情報を交換する
汎用データ交換システム	1992 年 7 月	保険料給与控除等の各種データを交換する
任意・自賠責一括仮払・決済システム	1994 年 10 月	複数の会社の対人自動車保険と自賠責保険を一括して支払う場合、事故情報・支払情報を交換する
団体データ共同システム	2006 年 10 月	団体保険契約企業と損害保険会社との間の保険料控除等のデータ授受を行う
損害保険料口座振替データ交換システム	2008 年 11 月	金融機関と損害保険会社間の口座振替データの受渡を行う
代理店登録電子申請システム	2006 年 7 月	代理店の行政への登録申請等について電子申請を可能とする

　人保険事故等情報交換システムは、1990 年に稼働開始したもので、自動車保険や傷害保険の人に係る保険等で、不正請求を排除するために、事故の受付の有無を情報交換するシステムです。

　契約登録情報交換システムは、2001 年に稼働し、傷害保険等の契約内容を登録して、重複契約や高額契約の情報を交換するシステムです。

　汎用データ交換システムは、1992 年に稼働開始し、保険料給与控除等の各種データを交換するものです。

　任意・自賠責一括仮払・決済システムは、1994 年に稼働開始し、複数の会社の対人自動車保険と自賠責保険を一括して支払う場合、事故情報・支払情報を交換するものです。

－ 126 －

団体データ共同システムは、2006年に稼働開始し、団体保険契約企業と損害保険会社との間の保険料控除等のデータ授受を行うものです。

損害保険料口座振替データ交換システムは、2008年に稼働開始し、金融機関と損害保険会社の間で口座振替請求データ・結果データの受渡を行うものです。

代理店登録電子申請システムは、2006年に稼働開始し、損害保険代理店の行政への登録申請等についてインターネットを介した電子申請を可能とするものです。

損害保険料率算出機構は、1948年に損害保険料率算出団体に関する法律（料団法）に基づいて設立された機構で、主に参考純率及び基準料率の算出・提供、自賠責保険の損害調査、データバンク機能の3つの役割を果たしています（表5-11）。

参考純率及び基準料率の算出・提供とは、損害保険会社からの大量のデータをもとに、保険数理理論等の手法を用いて、自動車保険・火災保険・傷害保険などの参考純率、自賠責保険・地震保険の基準料率を算出して、損害保険会社に提供しています。

自賠責保険の損害調査は、自賠責損害調査事務所を主な都市に設置して中立的な機関として公正な損害調査を行うものです。

データバンク機能は、様々な保険データ、各種データを収集して、危

〔表5-11〕損害保険料率算出機構の役割

役割	説明
参考純率及び基準料率の算出・提供	損害保険会社からの大量のデータをもとに、保険数理理論等の手法を用いて、自動車保険・火災保険・傷害保険などの参考純率、自賠責保険・地震保険の基準料率を算出
自賠責保険の損害調査	自賠責損害調査事務所を主な都市に設置して中立的な機関として公正な損害調査を行う
データバンク機能	様々な保険データ、各種データを収集して、危険の分析研究を行う

🏛 5章　保険会社のITシステム

険の分析研究を行っています。

　最後に e-JIBAI に関して説明します。自賠責保険は、どの損害保険会社も共通の商品を提供しなければなりません。そこで共通化が進み、e-JIBAI と呼ばれる自賠責保険の事務や管理、決済業務を行う損害保険会社共通のシステムが構築されています。2003 年に 11 社の損害保険会社の共同プロジェクトとして開発が行われたもので、90％以上のシェアとなっていて、野村総合研究所が運用しています。

参考文献

・金融情報システムセンター（2023）「令和 6 年度版金融情報システム白書」
・生命保険協会（2018）「生命保険協会 110 年史」
・損害保険協会 HP
  https://www.sonpo.or.jp/
・少額短期保険協会 HP
  https://www.shougakutanki.jp/general/index.html
・損害保険料率算出機構 HP
  https://www.giroj.or.jp/
・野村総合研究所 HP e-JIBAI
  https://www.nri.com/jp/service/solution/fis/e_jibai

6章 クレジットカード会社のITシステム

6.1 クレジットカードの仕組みと業務

クレジットカードは、利用者の信用を審査の上、カードが発行され、利用者はカードを提示することで後払いを行うことができる仕組みです。クレジットカードは様々な企業が発行しており、発行体で分けると、銀行系クレジットカード会社、流通系クレジットカード会社、信販会社、その他の会社があります（表6-1）。

銀行系クレジットカード会社は、設立母体が銀行のクレジットカード会社で、三菱UFJニコス、三井住友カード（VJA）、JCB、UCが4大グループです。特徴として、グループには、個別の銀行が発行しているブラザーカンパニー（BC）が多数あることです。

流通系クレジットカード会社では、クレディセゾンとイオンFSが代表的な企業です。

信販会社は、クレジットカード事業のみならずショッピングクレジットによる割賦販売など幅広い金融サービスを行っています。上場企業として、オリエントコーポレーション、ジャックスがあります。

その他の発行体として、楽天グループの楽天カード、トヨタグループのトヨタファイナンスなどがあります。

〔表6-1〕クレジットカードの発行体（イシュア）と代表的企業（筆者作成）

発行体（イシュア）	代表的企業
銀行系	三菱UFJニコス、三井住友カード（VJA）、JCB、UCが4大グループ。個別の銀行が発行しているブラザーカンパニー（BC）が多数ある
流通系	クレディセゾン、イオンFSなど
信販会社	オリエントコーポレーション、ジャックスなど
その他	楽天グループの楽天カード、トヨタグループのトヨタファイナンスなど

6章　クレジットカード会社のITシステム

　クレジットカードには、クレジットカード会社が独自に発行している「プロパーカード」と、他の企業と提携して発行している「提携カード」とがあります。提供先の業種としては、スーパーや百貨店、航空会社、ホテルなどがあります。提携カードは、プロパーカードの基本的な機能に加えて、提携企業に関するサービスが充実する傾向があります。

　クレジットカードの決済を行うためには、複数のステークホルダーが役割を果たしています。クレジットカードのステークホルダーとしては、カード発行会社（イシュア）、加盟店管理会社（アクワイアラ）、国際ブランドホルダー、決済代行会社、加盟店、オーソリゼーションネットワークがあります（表6-2）。

　カード発行会社は、イシュアとも呼ばれ、クレジットカードの獲得発行、カード会員への利用金額の月次での請求、カード会員の利用状況の管理を行います。会員の管理の中には、会員へのポイント付与、補償等

〔表6-2〕クレジットカードのステークホルダー（筆者作成）

ステークホルダー	役割の説明
カード発行会社 （イシュア）	クレジットカードの獲得発行、カード会員への利用金額の月次での請求、カード会員の利用状況の管理を行う。会員へのポイント付与、補償等の付帯サービス、信用管理、延滞時の請求管理を含む
加盟店管理会社 （アクワイアラ）	加盟店の開拓と加盟店でのカード売上金額の管理を行う。日本では、カード発行会社が加盟店管理会社を兼ねるケースが多い
国際ブランドホルダー	国際的に利用されているクレジットカードのルール、ネットワーク、システムを提供する機関です。Visa、Mastercard、JCB、American Express、Diners Club International、銀聯など
決済代行会社	加盟店が多数の加盟店管理会社と一社ずつ契約を結ぶ代わりに、契約締結や事務処理を一括して行う会社。GMOペイメントゲートウェイ、DGフィナンシャルテクノロジー、SBペイメントサービスが代表的な企業
加盟店	クレジットカードを利用できる商店やECサイト
オーソリゼーション ネットワーク	加盟店がカード発行会社に対して、顧客となるカード会員の信用確認をする（オーソリ）ためのネットワークシステム。CAFIS、JCN

－ 134 －

の付帯サービス、信用管理も含まれます。信用管理には、延滞が発生した場合の請求事務も含まれます。

加盟店管理会社は、アクワイアラとも呼ばれ、クレジットカードを利用できる店舗（加盟店）の開拓と加盟店でのカード売上金額の管理を行います。加盟店の売上金額を集計したのち、カード発行会社へ請求します。

日本では、カード発行会社が加盟店管理会社を兼ねるケースが多く、その場合オンアス取引と言います。その反対に、カード発行会社と加盟店管理会社が異なる場合をオフアス取引と言います。利用者にとっては、大きな違いはないのですが、オフアスの方が、利用明細の反映のタイミングが遅くなるなどの違いがあります。

国際ブランドホルダーは、国際的に利用されているクレジットカードのルール、ネットワーク、システムを提供する機関です。Visa、Mastercard、JCB、American Express、Diners Club International、銀聯などがあります。

決済代行会社は、加盟店が多数の加盟店管理会社と一社ずつ契約を結ぶ代わりに、契約締結や事務処理を一括して行う会社です。GMO ペイメントゲートウェイ、DG フィナンシャルテクノロジー（旧ベリトランス）、ソフトバンク系の SB ペイメントサービス等が大手ですが、中堅・中小も含め 300 社程度あると言われています。

加盟店は、クレジットカードを利用できる商店や EC サイトです。

オーソリゼーションネットワークは、加盟店をカード発行会社に対して、顧客となるカード会員の信用確認をする（オーソリ）のためのネットワークシステムで、日本では、NTT データが運営する CAFIS（Credit And Finance Information Switching system）と JCB 系の JCN（日本カード

ネットワーク）があります。オーソリは、偽造カードや盗難カードなどによる不正使用を防止するためと、顧客のクレジットカードの利用限度額超過や支払遅延等のトラブル発生有無によるカードの有効性を確認するために行います。

実際のカード利用からの決済の流れは以下のようになります（図6-1）。

① カードが店舗やECサイトで利用された場合、加盟店管理会社ないし決済代行会社が、加盟店からの決済情報を元に、代金の支払いを立て替えて行います。

② 加盟店管理会社からデータがカード発行会社に送られ、カード発行会

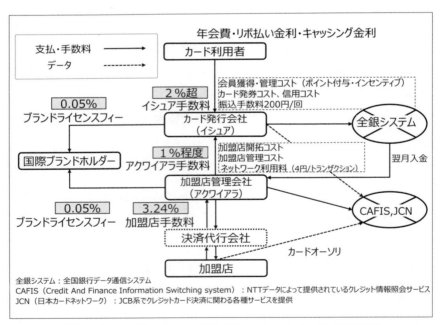

〔図6-1〕クレジットカードのステークホルダーと手数料例
（経済産業省2018 日経FinTech2018を元に筆者作成）

- 136 -

社は代金を加盟店管理会社に支払うとともに、カード利用者の利用明細に反映します。

③月次で集計された代金の合計額が、カード利用者の銀行口座から引き落とされることで、決済が完了します。

手数料については、カード加盟店から決済代行会社ないし加盟店管理会社が代金から差し引きで受け取ります。そのうち、1％程度が加盟店管理会社の手元に残り、2％強がカード発行会社に分配されます。また国際ブランドホルダーは、カード発行会社、加盟店管理会社の両方から、ブランドライセンスフィーを受け取ります。ステークホルダーが多いこと、与信リスクへの対応やカード会員へのポイント付与などのコストもあり、相応の加盟店手数料がかかることとなります。

6.2 クレジットカード会社のITシステム

クレジットカード会社のITシステムは、カード発行会社、加盟店管理会社、決済代行業者が保有していますが、典型例としては図6-2のようになっています。

まずクレジットカードが店舗やオンラインストアで利用されると、オーソリゼーションネットワークを通じて、クレジットカード会社に、データが送られます。

代表的なオーソリゼーションネットワークがCAFIS（Credit And Finance Information System：クレジット・アンド・ファイナンス・インフォメーション・システム）です。CAFISは1984年にサービス開始され

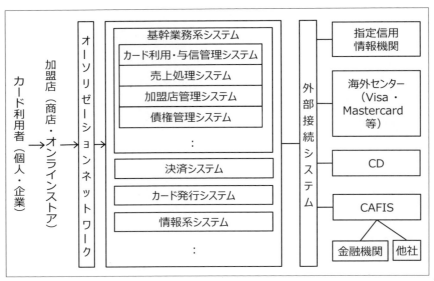

〔図6-2〕クレジットカード会社のシステム概要例（筆者作成）

たNTTデータが提供するキャッシュレスプラットフォームで、クレジットカードのみならず、電子マネーやQRコード決済にも対応しています。

クレジットカード会社内のシステムは、基幹業務系システム、決済システム、カード発行システム、情報系システム、外部接続システム等から構成されています（表6-3）。

基幹業務系システムには、カード利用・与信管理システム、売上処理システム、加盟店管理システム、債権管理システムがあります。まずカード利用・与信管理システムでカードの有効性の確認や限度額の範囲内であるかの確認が行われ、加盟店に取引の可否と、可の場合の承認番号（オーソリゼーションコード）が返されます。このプロセスは、カード利用者が店舗で待っていますので、24時間365日にわたり、即時でのレスポンスが求められます。

加盟店では、CCT（Credit Center Terminal：クレジット共同利用端末）と呼ばれる端末からオンライン照会が行われます。カード会員の管理も行っています。

〔表6-3〕クレジットカード会社のITシステム（筆者作成）

システム	説明
基幹業務系システム	カード利用・与信管理システムで、カードの有効性の確認や限度額の範囲内であるかを確認する
	売上処理システムで、個別の決済情報を集計する
	加盟店管理システムで、加盟店の情報を管理する
	債権管理システムで、立替や、リボルビング払いやカードローンの管理などを行う
決済システム	加盟店への代金立替払いと、カード利用者への代金請求を行う
カード発行システム	新規のカード会員の申込み時のカード発行、期限が到来したカードの更新
情報系システム	カード利用に係る情報が分析され、経営管理や業務管理に活用
外部接続システム	指定信用情報機関との連携、海外での利用に関するVisaやMastercardなどの海外センターとも連携、CD（キャッシュディスペンサー）との連携

6章　クレジットカード会社のITシステム

　売上処理システムでは、個別の決済情報を集計しています。加盟店管理システムでは、加盟店の情報を管理しています。また債権管理システムでは、立替や、リボルビング払いやカードローンの管理などの債権管理を行っています。

　決済システムでは、加盟店への代金立替払いと、カード利用者への代金請求が行われます。金額が確定すると先述のCAFISを経由して、カード会員の指定する金融機関への引き落とし請求や加盟店口座への支払いが行われます。

　カード発行システムでは、新規のカード会員の申込み時のカード発行や、期限が到来したカードの更新を行っています。

　情報系システムでは、カード利用に係る情報が分析され、経営管理や業務管理に活用されています。

　外部接続システムでは、指定信用情報機関との連携が行われています。また海外での利用に関しては、VisaやMastercardなどの海外センターとも連携が行われています。またCD（キャッシュディスペンサー）との連携も行われています。

6.3 PCI DSS (クレジットカードの情報保護)

クレジットカード会社の IT システムは、会員の決済情報を扱うため、高度なセキュリティ基準が必要です。2004 年に PCI DSS (Payment Card Industry Data Security Standard ペイメントカード業界セキュリティ基準) が、American Express、Discover、JCB、Mastercard、Visa の 5 社によって策定されました。5 社が共同設立した組織である PCI SSC (PCI Security Standards Council) によって運営されています。日本でも 2012 年に日本クレジット協会の実行計画に PCI DSS 準拠が取り入れられ、各社が対応するようになっています。

2022 年 3 月に PCI DSS のバージョン 4.0 がリリースされました。PCI DSS のバージョン 4.0 では、6 つの項目にわたって 12 の要件が示されています (表6-4)。安全なネットワークとシステムの構築・維持及び情報セキュリティ対策によって、カード会員のデータを保護することが求められています。

🏛 6章　クレジットカード会社のITシステム

〔表6-4〕PCI DSS（Ver4.0）要件
（日本カード情報セキュリティ協議会資料により筆者作成）

No.	内容（6つの項目・12の要件）
【項目1：安全なネットワークとシステムの構築と維持】	
1	ネットワークセキュリティコントロールの導入と維持
2	すべてのシステムコンポーネントにセキュアな設定を適用する
【項目2：アカウントデータの保護】	
3	保存されたアカウントデータの保護
4	オープンな公共ネットワークでの送信時に、強力な暗号化技術でカード会員データを保護する
【項目3：脆弱性管理プログラムの整備】	
5	悪意のあるソフトウェアからすべてのシステムおよびネットワークを保護する
6	安全なシステムおよびソフトウェアの開発と維持
【項目4：強力なアクセス制御の実施】	
7	システムコンポーネントおよびカード会員データへのアクセスを、業務上必要な適用範囲（Need to Know）によって制限する
8	ユーザーの識別とシステムコンポーネントへのアクセスの認証
9	カード会員データへの物理アクセスを制限する
【項目5】ネットワークの定期的な監視とテスト	
10	システムコンポーネントおよびカード会員データへのすべてのアクセスをログに記録し、監視すること
11	システムおよびネットワークのセキュリティを定期的にテストする
【項目6】情報セキュリティポリシーの維持	
12	組織の方針とプログラムによって情報セキュリティをサポートする

6.4 EMV3D セキュア（不正利用対策）

　クレジットカード業界では、不正利用の防止が大きな課題となっています。特にEC サイトでのオンラインショッピングにおいては、カード番号を入力することで決済が行われるため、カード番号等を知りえた第三者による利用のリスクが高く、そのような不正利用を防止することが、大命題でした。そのような中で、登場したのが3D セキュアの仕組みです。

　3D セキュアとは、本人認証サービスのことで、ネットショッピングでのクレジットカードでの支払いを行う際に、クレジットカード番号以外に本人しかわからないパスワードを入力して本人確認を行う安全性の高い方法です（表6-5）。

　当初登場した方式は、すべてのクレジットカード決済において、事前に登録しておいたパスワードを入力することが求められる方式でした。これを3D セキュア1.0 と言います。この方式では、正当なカード利用者でもパスワードを入力しなければならないので、購入意欲が削がれてしまう可能性がありました。そのため、インターネットショッピング上の買い物カゴに入れたまま、購入されないというカゴ落ちの発生が、加盟店では問題となっていました。

〔表6-5〕3D セキュア1.0 とEMV3D セキュア（3D セキュア2.0）（筆者作成）

本人認証サービスの方式	ネットショッピングでのクレジットカードでの支払取引時の対応
3D セキュア1.0	事前に登録しておいたパスワードの入力を求める。その際、購買者の購入意欲を削ぎ「カゴ落ち」が発生しやすい
EMV3D セキュア（3D セキュア2.0）	不正リスクの可能性が高い場合を選別して、ID やパスワード（多くはワンタイムパスワード）の入力を求める。過去の利用履歴と異なる使い方をしている場合やそれまでと異なるデバイスからのアクセス、商品配送先がそれまでと異なる場合などが該当

－ 143 －

その後、よりカード利用者の利便性を高めた形で、不正リスクの可能性が高い場合を選別して、ID やパスワード（多くはワンタイムパスワード）を入力させる方式が取られるようになりました。このような方式をEMV3D セキュア方式または 3D セキュア 2.0 と言います。例えば、過去の利用履歴と異なる使い方をしている場合やそれまでと異なるデバイスからのアクセス、商品配送先がそれまでと異なる場合などが、不正リスクの高いケースとして認識されます。パスワードに関しては、固定暗証番号方式やワンタイムパスワード方式があり、ワンタイムパスワード方式の方がよりセキュリティが高くなります。この EMV3D セキュアは、国際ブランドである Visa、Mastercard、JCB、American Express、Diners Club International の共通の対応です。

　EMV3D セキュアと 3D セキュア 1.0 のどちらを利用するかは、加盟店にとって大きな違いがあります。従来は、クレジットカードの不正利用があった場合でも、クレジットカード会社が損失を負担して、決済することが可能でしたが、2022 年 10 月から EMV3D セキュアでの認証が行われた取引だけが対象となったのです。これにより、3D セキュア 1.0 で対応していた加盟店は、損失発生の補償を受けることができなくなり、不正が発生するとそのまま売り上げ損失となってしまうこととなりました。

　2017 年頃から、毎年クレジットカードの不正利用被害額が増えており、2023 年の 被害額は過去最大となっています。窃取されたクレジット番号が EC サイトで使われる形の不正利用が大部分を占めています。クレジットカード番号の窃取は、EC サイトの加盟店や決済代行会社へのサイバー攻撃によるサイト改ざんが原因になるものと、カード会員のフィッシング被害による窃取とがあると言われています。このような中

で、原則すべての EC 加盟店に 2025 年 3 月末までに EMV3D セキュアを導入することが求められています。

6章　クレジットカード会社のITシステム

参考文献

- 金融情報システムセンター（2023）「令和6年度版金融情報システム白書」
- 経済産業省（2018）「キャッシュレスビジョン」
- 日経 FinTech（2018）NEWSLETTER2018年4月号
- 日本クレジットカード協会 HP

  https://www.j-credit.or.jp/information/
- 経済産業省（2024）第1回クレジットカード・セキュリティ官民対策会議

  https://www.meti.go.jp/shingikai/mono_info_service/credit_card_security/001.html
- 日本カード情報セキュリティ協議会 HP

  https://www.jcdsc.org/pci_dss.php

7章
進むAIの活用

7.1 AIの金融業務活用

　金融業務でのAI（人工知能）の活用が進んでいます。金融データ活用推進協会から2023年に刊行された「金融AI成功パターン」では、銀行、証券、クレジットカード、リース、生命保険、損害保険といった金融業において、7つの分野で活用が進んでいるとしています。以下本書に沿って説明していきます。活用が進んでいる7つの分野は、第一にターゲティング、第二に価値算出、第三に需要予測、第四に不正検知、第五に審査、第六にテキスト分類、第七に画像認識です（表7-1）。

　第一のターゲティングは、営業活動でのターゲティングへの活用が中心的な活用方法となります。例えば銀行の新規個人ローン先の開拓にあたって、顧客の属性や取引履歴からローンニーズのありそうな先を抽出することができます。またクレジットカード等の解約を予測して、解約を防止するようなインセンティブの提供を行うことも考えられます。また既存のローンの与信管理に関しては、延滞時の督促順位付けなどで活用できます。

〔表7-1〕金融AIの成功パターン
（金融データ活用推進協会（2023）を元に筆者作成）

成功パターン	代表例
1. ターゲティング	営業活動のターゲティングへの活用、新規個人ローン先の開拓
2. 価値算出	投資不動産物件の価値予測、リース商品の残価予測
3. 需要予測	コールセンターの需要予測、ATMの需要予測
4. 不正検知	クレジットカードの不正検知、疑わしい送金取引の検知
5. 審査	法人向けの与信審査での貸倒（デフォルト）予測
6. テキスト分類	コールセンターのコンタクト履歴の分析、アンケートからの要望の分析
7. 画像認識	紙ベースの書類文書のデジタルテキスト化

－ 149 －

7章　進むAIの活用

　第二の価値算出は、投資不動産物件の価値予測や、リース商品の残価予測などで、人手を介さないスピーディな価値算出に活用できると考えられます。

　第三の需要予測は、コールセンターの需要予測や、ATM の需要予測などでの活用です。コールセンターであれば、要員配置の適正化に、ATM であれば、場所ごとの適正配置に活用できます。

　第四の不正検知は、クレジットカードの不正検知やマネー・ローンダリングに関して疑わしい送金取引の検知に用いられます。なお、クレジットカードの不正検知では、一旦保留にして確認を行うのですが、過去からの事例蓄積により様々なルールベースでの不正検知の条件があります。よって、AI とルールベースの併用で行われているとのことです。

　第五の審査は、法人向けの与信審査での貸倒予測などに活用されています。最終的には人間が与信の可否を決定しますが、そのための重要な情報として提供されることになります。また損害保険会社では、設備での故障の発生確率や修理内容の予測に用いていて、故障の未然防止にも役立つものとなっています。

　第六のテキスト分類は、コールセンターのコンタクト履歴の分析やアンケートからの要望の分析で活用されています。投資判断を行う際、大量のニュースデータからネガティブニュースを抽出する用途にも用いられています。

　第七の画像認識は、紙ベースの書類文書のデジタルテキスト化で用いられています。例えば生命保険会社への保険金請求で提出される医療領収証や診療明細書は、病院によって様々ですが、これらを OCR（Optical Character Recognition 光学的文字認識）による AI の画像認識技術により、デジタル化や他の申し出との照合を行うのに活用されています。

－ 150 －

次節以降では、AI を活用した FinTech（金融サービスのイノベーション）の事例として、オンラインレンディングなどの企業向け融資での活用、ロボアドバイザーサービスのような個人投資支援での活用について、詳述します。

7.2 オンラインレンディング

　2015 年から 2016 年に FinTech が最初に話題になった時期に一つの分野として登場したのが、企業向けの融資でのオンラインレンディング（オンライン融資）です。従来型の銀行融資が、過去の決算書を中心に審査し、また審査に時間がかかるという課題を解決するものとして登場しました。オンラインレンディングは、オンライン上で申し込みを行い、決算書提出が概ね不要で、実際の取引の状況を元に AI を活用して審査を行い、審査結果が出るのが早いという特徴があります。ただし、融資資金の調達コストの割に収益性が高くない一方で、将来の予測は完全にはできないため、延滞が一定割合発生することは避けることができません。そして、延滞が発生した場合は、回収のためのコストが嵩んでしまいます。そのような事情もあって、2018 年頃以降、撤退や不活性化の動きも目立っています。

　運営主体別には、3 つの類型があり、第一は EC サイト型、第二は金融機関型、第三は独立企業型です（表 7-2）。

　第一の EC サイト型は、Amazon レンディング、楽天スーパービジネスローンが代表例です。オンラインショッピングのプラットフォーム企業等が、自社プラットフォームの出店者の運転資金を融資するサービスで、決算書の提出が不要で、審査期間も短いという特徴があり、2014 年ころから登場してきました。一般に、売上げが拡大傾向にある場合、売上資金の入金の前に、仕入や製造の資金を支払う必要があるため、運転資金需要が発生します。Amazon や楽天の出店者の場合、オンラインショッピングのプラットフォーム企業である Amazon や楽天が、出店者

〔表 7-2〕代表的なオンラインレンディング（筆者作成）

サービス名	対象	審査期間	融資額	金利、返済期間等
【EC サイト型】				
Amazon レンディング（2014 年 2 月〜 2018 年頃）	Amazon マーケットプレイス出店者（法人）	最短即日契約	50,000 千円まで	金利 2.4%〜14.9%、3、6、12 カ月での毎月元利均等返済方式（Amazon のアカウントより自動引落）
楽天スーパービジネスローンエクスプレス（2015 年 11 月〜2021 年頃）	楽天市場出店者（法人・個人）で、融資条件が提示されている場合	最短翌日（楽天銀行利用）	5,000 千円まで	金利 8.5%〜14.5%、最長 3 年の極度設定方式（売上差引、一部口座引落し）楽天スーパービジネスローン（2013 年4 月〜提供）の上位サービス
ビジネスローン（ヤフー出店者専用）（2015 年 1 月〜 2023年 3 月）	Yahoo! ショッピング出店者（法人、個人）	最短翌日	30,000 千円まで	金利 1.45%〜8.2%、最長 12 カ月の毎月元利定額返済、PayPay銀行（旧ジャパンネット銀行）のビジネスローン。決算書不要でペーパーレス契約
Partners ローン（2017 年 8 月〜 2020年 7 月）	リクルートの宿泊等予約サービス参画法人	最短即日	30,000 千円まで	金利 2.0%〜14.9%最長 1 年、元利均等返済方式、元利均等リボルビング返済方式（招待制）
【金融機関型】				
住信SBIネット銀行 dayta（旧レンディング・ワン）（2016 年 10 月〜）	住信 SBI ネット銀行取引の法人（融資可能額を毎月レコメンド）	最短当日実行も	30,000 千円まで	金利 1.999%〜7.999%＋手数料 2.2%12 回の毎月元金均等返済契約まで WEB で完結、提出資料無
ジャパンネット銀行ビジネスローン（freee 会員専用）（2016 年 10 月〜2021 年 1 月）	クラウド会計ソフト freee 利用の法人、個人	最短翌日	30,000 千円まで	金利 1.45%〜13.75%、12 ヶ月の毎月元利定額返済（現 PayPay 銀行）
freee 提携〈はまぎん〉スーパービジネスローン（2016 年 12 月〜）	業歴 2 年以上でfreee 利用中かつfreee 認定の会計事務所の指導を受けている中小企業	最短当日仮審査回答	50,000 千円まで	固定金利 2.5%〜、変動金利 2.7%〜5 年以内の元金均等返済3 か月〜 1 年は期日一括返済決算書 2 期分提出必要

7章　進むAIの活用

福岡銀行フィンディ（2020年9月〜2024年3月）	日本国内の法人個人事業主	最短即日審査	10,000千円まで	金利2%〜14.0%、1ヶ月以上36ヶ月以内の毎月元金均等返済。オンライン契約、決算書提出必要
福井銀行 Q-Pit（2018年4月〜）	福井銀行取引の法人個人（預金明細13ヶ月以上）	最短即日審査	10,000千円まで	金利3%〜13%、1ヶ月以上12ヶ月以内の毎月元金均等返済。契約は紙ベース、決算書提出必要
みずほスマートビジネスローン（2019年5月〜2023年3月）	みずほ銀行取引先で借入なくインビテーションした先	最短2営業日	10,000千円まで	金利1%台〜14%、1ヶ月〜12ヶ月元金均等返済、オンライン完結、決算書提出不要、代表者保証要
Biz LENDING（2019年6月〜）	三菱UFJ銀行取引の法人で借入ない先	最短2営業日	10,000千円まで	金利15%未満、6ヶ月以内、オンライン完結、決算書提出不要、保証不要
りそなビジネスローン「Speed on!」（2020年1月〜）	りそな銀行預金取引先で融資が無くご案内した先または、弥生会計（デスクトップ）の使用先	最短即日審査	10,000千円まで	金利0.8%〜9%、36ヶ月以内、オンライン完結、保証不要、融資後に決算書類提出要
GMOあおぞらビジネスローン（freee会員向け）（2020年11月〜）	freeeで7か月以上入出金明細データを登録している先	最短即日審査	15,000千円まで	金利0.9%〜12%、6ヶ月〜1年の元金均等返済、オンライン完結、決算書提出不要、保証原則不要
GMOあおぞらネット銀行あんしんワイド（2022年5月〜）	GMOあおぞらネット銀行取引先、freeeで2か月以上入出金明細データを登録している先	2営業日程度	10,000千円まで融資枠設定、1年更新	金利0.9%〜14%、随時返済/前月末日利用残高の5%を返済、オンライン完結、決算書提出不要、保証原則不要
GMOあおぞらビジネスローンfor弥生ユーザー（2023年11月〜）	弥生会計利用中の営利法人（口座開設も同時に可能）	最短即日審査回答	30,000千円まで	金利0.5%〜8.5%、最長3年、毎月元金均等返済、オンライン申込、電話面談要
【独立企業型】				
LENDY（2017年1月〜2024年1月）	業歴半年以上の法人、個人事業主	最短翌日	5,000千円まで	金利8%〜18%最長1年、期限一括返済・元利均等返済
アルトア（2017年12月〜2021年頃）	弥生会計、弥生の青色申告1年以上利用の法人・個人	最短翌日（2回目最短即日）	3,000千円まで	金利2.8%〜14.8%最長1年、毎月元金均等返済または期日一括返済

Money Forward BizAccel （2019 年 5 月～ 2020 年 7 月）	マネーフォワードクラウド会計6 ヵ月以上利用の法人	最短 3 営業日	50,000 千円まで	金利 4.8％～ 18％最長 13 ヵ月，オンライン完結、元金均等返済、期日一括返済
オファー型融資 （2019 年 6 月～ 2021 年 5 月）	クラウド会計freee 利用の法人個人	法人即時、個人3 営業日以内	法人3,000 千円個人2,500 千円まで	個人事業主金利 12 ～ 18％ 最長 1 年、法人非公開。
GMOイプシロントランザクションレンディング （2015 年 3 月～）	イプシロン加盟の法人・個人	初回最短 5 日、2 回目最短 2 日	50,000 千円まで	金利 3.5％～ 13.5％6 ヶ月の毎月元利均等返済方式（売上代金相殺）
Air キャッシュ （2022 年 4 月～）	Air ペイ利用者で招待された加盟店	最短 2 日	1,000 千円まで	手数料率：利用金額の 0.5％、書類不要、金額と引落プラン選択のみで申込完了。Air ペイの振込金額からの自動引落で返済
stera finance （2024 年 3 月～）	三井住友カード「stera pack」「stera tap」利用者で招待された加盟店	最短翌日	8,000 千円まで	サービス利用料 0.3％～ 18％、書類提出不要、売上代金入金時に精算
PayPay 資金調達 （2024 年 3 月～）	PayPay 加盟店で招待された先	最短数分（PayPay 銀行指定）	1,000 千円まで	サービス利用料利用金額の 3％～。書類提出不要、PayPay 売上金から精算

の売り上げ状況を把握できるので、スピーディに運転資金を融資することができます。その際、事業者から申し込みする形ではなく、優良な事業者に対して、プラットフォームから融資枠が事前に提示され、利用が促進される形が取られました。金利は銀行融資より高めで、例えばAmazon レンディングの場合、2.4％から 14.9％、楽天スーパービジネスローンエクスプレスでも 8.5％から 14.5％となっていました。なお、Amazon レンディングは 2018 年頃に撤退し、楽天スーパービジネスローンエクスプレスも 2021 年頃に終了しました。同様に、ビジネスローン（ヤフー出店用）が、2015 年 1 月から 2023 年 3 月、リクルートのPartners ローンが 2017 年 8 月から 2020 年 7 月に受け付けていました。

7章　進むAIの活用

このタイプはいずれも終了しています。

　第二の金融機関型は、金融機関が運営するもので、法人の顧客基盤が少ないインターネット専業銀行である住信 SBI ネット銀行が最初に導入しました。その後、ジャパンネット銀行（現 PayPay 銀行）や横浜銀行のようにクラウド会計と提携するタイプのサービスが続きました。2017年に地方銀行大手の福岡銀行が本格的に導入し、2018 年には福井銀行も続きました。大手銀行では、2019 年にみずほ銀行と三菱 UFJ 銀行が、2020 年にりそな銀行が相次いで開始しました。3 銀行とも、借り入れのない先で優良な先を事前に選別して、案内する形でした。このような形をとったのは、顧客基盤が既にある銀行が、間口を広げすぎると、返済に不安がある企業の申込が増え、結果的に延滞が発生し、回収に係る事務コストが増大してしまうためです。なお、2021 年 1 月にジャパンネット銀行のビジネスローン（freee 会員専用）が新規受付を終了しました。2023 年 3 月には、みずほスマートビジネスローンが新規受付を終了し、2024 年 3 月に、福岡銀行フィンディも新規受付を終了しました。現在は、インターネット専業銀行である住信 SBI ネット銀行、GMOあおぞらネット銀行のサービスが、目立つ形になっています。

　第三の独立企業型は、決済代行会社、会計システム提供企業、FinTechベンチャーが運営するものです。決済代行会社や会計システム提供企業のように、取引や入出金の情報を入手できる優位性を活かしているサービスが多くなっています。会計システム提供企業としては、2019 年にクラウド会計の 2 強であるマネーフォワードと freee が参入しましたが、マネーフォワードは 2020 年に、freee は 2021 年にそれぞれ終了しました。現在残っているのは、決済代行会社系の GMO イプシロン トランザクションレンディング、Air キャッシュ、stera finance、PayPay 資金調達となっ

－ 156 －

ています。

　終了してしまいましたが、FinTech 企業であるクレジットエンジン社の LENDY は、融資申込者からデータ連携を許可された外部サイトの情報だけで、融資判断をするサービスである点が革新的でした。具体的には、表 7-3 のサイトをデータ連携の対象としていました。

　データ連携の対象となる外部サイトは、クラウド会計、EC サイト、銀行、POS レジ、決済サービス、クラウドソーシングなどでしたが、2024 年 1 月に終了となりました。金融機関と比べると、融資資金の調達を機動的に行う点に難があり、事業は大きくならず、むしろこのサービスをショーケースとして、大手金融機関にシステムを提供するビジネスが中心になっています。クレジットエンジン社は、先述の福岡銀行、みずほ銀行、三菱 UFJ 銀行などにシステムを提供しました。一方で自社サービスの「LENDY」は 2024 年 1 月に終了しました。資金調達の機動力のない FinTech 企業では、自社で多額の融資の原資を調達する形態はビジネスとしてはスケールしなかったものと考えられます。むしろ金融機関にシステム提供することに活路を見出したと言えるでしょう。

　様々な企業や金融機関からの参入がありましたが、共通しているのは、AI の活用により、従来人の手で審査していた場合に、コストがかかっ

〔表 7-3〕LENDY のデータ連携対象サービス
（2021 年 3 月現在、クレジットエンジン社 HP による）

カテゴリー	サービス
銀行	国内 2,700 以上のオンラインバンク（個人・法人）
クラウド会計	Money Forward クラウド会計・クラウド確定申告、弥生会計オンライン・やよいの青色申告オンライン
EC	Amazon、楽天（RMS）、カラーミーショップ、Make Shop、BASE
POS レジ	ユビレジ、Air レジ、スマレジ
決済サービス	Coiney、Square、楽天ペイ、Air ペイ
クラウドソーシング	ランサーズ

7章　進むAIの活用

てしまい、ビジネスとして成立しなかったような、1千万円以下の少額の融資案件を取り上げることができた点です。

　しかしながら、AIによるオンラインレンディングの懸念点としては、4点があります（表7-4）。第一に延滞時の管理に人手がかかる点、第二に大きな経済環境の変化への対応、第三に倫理的な問題への対応、第四に審査を謝絶した際に、顧客への説明責任が果たしにくいという点です。

　第一に延滞時の管理に人手がかかる点については、どうしても相応の確率で、延滞や返済不能となるケースが生じるため、相応の回収コストがかかります。よって、その理由で撤退するサービスが発生していると考えられます。2024年時点で残っているサービスは、ある程度の期間、会計システムの取引があるケース、少額でより精度の高い審査ができるサービスに限定されているようです。特に象徴的なのは、当初福岡県近隣の企業のみを対象としていた福岡銀行のフィンディが、完全オンライン化により、2021年に全国の企業を対象としたものの、2024年3月に新規受付を終了したことです。

　第二の大きな経済環境の変化への対応については、AIが過去の融資案件をベースに判断を行うため、大きく経済環境が変化した場合の判断

〔表7-4〕AIによるオンラインレンディングの懸念点（筆者作成）

懸念点	説明
延滞時の管理に人手がかかる点	相応の確率で、延滞や返済不能となるケースが生じるため、相応の回収コストがかかる
大きな経済環境の変化への対応	AIは、過去の融資案件をベースに判断を行うため、大きく経済環境が変化した場合の判断が必ずしも的確ではない懸念
倫理的な問題への対応	過去の金融機関の審査でのバイアスが、AIの学習データとして反映される可能性がある
審査謝絶時の顧客への説明責任	AIでは、審査の判断理由が明確に開示されないため、適切な説明を行いにくい。人による審査と組み合わせることとなる

－ 158 －

が必ずしも的確ではないことが懸念されます。例えば2020年からのコロナ禍の時の融資判断に、過去の融資案件や、過去の取引状況などでは判断ができない要素が多くありました。

　第三の倫理的な問題への対応としては、過去の金融機関の審査でのバイアスがAIの学習データとして反映される可能性が残っているという点です。倫理的に問題が発生しないように、バイアスを調整することが必要になります。

　第四の審査謝絶時に顧客への説明責任が果たしにくいという点は、そもそもAIでは、審査の判断理由が明確に開示されないということが根本にあります。その結果、仮に審査を謝絶した顧客から説明を求められた場合に、適切な説明を行いにくいという弱点があります。そのため、そのまま審査結果を利用するのではなく、金融機関内の審査の補助として、AIで算出した倒産確率などを活用するケースの方が、多いという印象です。人による審査に対してAIの審査でダブルチェックを行うケースや、既に融資が行われている先に対して、継続的な管理を行う際にAIを活用するなどの事例があるようです。

7.3　ロボアドバイザーサービス

　本節では、2016 年ころから FinTech の一分野として脚光を浴びた金融商品への投資に関しての AI の活用事例であるロボアドバイザーサービスについて説明します。

　投資運用では、種類の異なる多数の投資商品に分散投資することで、リスクを抑えることが、セオリーとなっていますが、多数の商品を購入することは手続きが煩雑であり、大口投資家以外には、実務上困難でした。この分散投資を自動化するサービスがロボアドバイザーサービスです。

　ロボアドバイザーサービスには、2 つのタイプがあります。投資一任運用型と投資助言型です。投資一任運用型は、投資家に提案したポートフォリオ（投資商品の組み合わせ）で、投資商品の購入運用を自動的に行うタイプです。それに対して投資助言型は、投資家にポートフォリオの提案だけを行い、投資商品の購入は別途手続きで行うものです。その中でも、運用も自動化する投資一任運用型が徐々に残高を増やしています。

　代表的な投資一任運用型のロボアドバイザーサービスが、2016 年にサービスを開始した 3 サービスです。3 サービスとは、お金のデザインの THEO（2016 年 2 月開始）、楽天証券が提供する楽ラップ（2016 年 7 月開始）、ウェルスナビの WealthNavi（2016 年 7 月開始）です（表 7-5）。この中では、お金のデザインとウェルスナビの 2 社は、ロボアドバイザーサービス専業スタートアップの FinTech 企業としてスタートしました。その後、WealthNavi が、残高 1.3 兆円を 2024 年 7 月に突破して他の 2

社を凌駕しています。

　具体的なサービス内容ですが、第一にポートフォリオ提案機能、第二に自動運用機能、第三にリバランス機能があります（表7-6）。AIと言っても、機械学習のようなものではなく、事前に設定した分岐やルールに沿って判断するルールベースでの機能提供がされています。

　第一のポートフォリオ提案機能については、利用者がロボアドバイザーサービスの設定した質問に回答し、その回答結果を元に提案を行います。THEOは年齢、年収、金融資産額、初回投資金額、毎月積立希望金額の5問で、231通りの商品組み合わせから最適なものを提案します。WealthNaviは、年齢、年収、金融資産額、毎月の積立額、資産運用の

〔表7-5〕代表的な投資一任運用型ロボアドバイザーサービス（筆者作成）

サービス名	THEO	楽ラップ	WealthNavi
運営会社	お金のデザイン	楽天証券	ウェルスナビ
開始年月	2016年2月16日	2016年7月4日	2016年7月13日
サービスの特徴	ETF特化型投資一任運用サービス	投資信託特化型投資一任運用サービス	ETF特化型投資一任運用サービス
最低投資金額	10万円（2020.4.7から）（当初10万円→1万円）	1万円（2020.3.22から）当初10万円	1万円（当初100万円→10万円）積立は1万円から
手数料	0.715～1.1%（30百万円超0.5%）	固定報酬型：最大0.715%他に成功報酬併用型もあり	1.1%（30百万円超0.5%）
投資対象	海外ETF（約35-45）	専用投資信託（14種）	海外ETF（7種）
質問数	5問	16問	6問
特色	「グロースポートフォリオ」「インカムポートフォリオ」「インフレヘッジポートフォリオ」の3種、231通り	下落ショック軽減機能「DRC（Downside Risk Control）機能」選択可	5種のポートフォリオ、自動積立投資機能、自動税金最適化機能、NISA対応
その他	2021年7月証券口座をSMBC日興証券株式会社に移管。2023年12月東海東京アセットマネジメント株式会社の完全子会社化	2022年2月から2024年2月までDRC機能が発動	2020年12月東証マザーズに上場、2024年2月三菱UFJ銀行と資本業務提携
運用金額	2,550億円（2024.6.28）	1,157億円（2024.6.28）	13,000億円（2024.7.4）

7章　進むAIの活用

〔表7-6〕投資一任運用型ロボアドバイザーサービスのサービス機能（筆者作成）

サービス機能	内容
ポートフォリオ提案機能	利用者がロボアドバイザーサービスの設定した質問に回答し、その回答結果を元に提案を行う
自動運用機能	1年毎などの期間でポートフォリオ自体の見直しを行う
リバランス機能	ある資産が増加して、当初の資産配分の比率が崩れた場合に、増加した資産を売却して、減少した資産を買い増すことで、当初の資産配分比率に戻す。積立の場合は、積立実施の都度、当初の資産配分比率に近づけるような資産配分で購入が行われる

目的、株価下落時の対応の6問で、5種類のポートフォリオから適切なものを提案します。楽ラップは、性別、年代、投資歴、投資比率、期待する収益額、将来の所得イメージの6問に加え、様々なケースでの行動選択10問の合計16の質問に答えることで、最適なポートフォリオを提案します。

　第二の自動運用機能は、1年毎などの期間でポートフォリオ自体の見直しが行われます。特に楽ラップで選択できる下落ショック軽減機能「DRC（Downside Risk Control）機能」は、株式の組み入れ率を下げることで、資産減少を抑えることを狙うものです。その発動には、株式市場の価格変動率の基準値や景気のファンダメンタル指標のトレンドといった、ルールベースで判断が行われています。株式市場の値動きが大きくなり、その状況が継続すると見込まれる場合に、一時的に株式の投資比率を下げ、債券の投資比率を上げることで、資産全体の値動きのブレを軽減します。あくまでルールベースの機能ですが、2022年2月から2024年2月に実際に発動されました。

　第三のリバランス機能は、ある資産が増加して、当初の資産配分の比率が崩れた場合に、増加した資産を売却して、減少した資産を買い増すことで、当初の資産配分比率に戻す機能ですが、これもルールベースで

－ 162 －

の自動的な売買を行うものです。なお、積立でロボアドバイザーサービスを利用する場合には、積立実施の都度、当初の資産配分比率に近づけるような資産配分で購入が行われる機能がありますので、増加した資産の売却や減少した資産の買い増しは行われないことが多くなります。

7.4　生成 AI の活用

　2022年11月にOpenAI社が公開したChatGPT[1]に代表される生成AIは、世界中で注目を集めています。生成AIは、「Generative AI：ジェネレーティブ AI」とも呼ばれ、指示に基づいて、文書や画像などのコンテンツを生成できる AI のことです。与えられたデータを元に分析や予測を行う従来型の AI と異なり、AI が様々なデータを自ら学習して、新しいコンテンツを創造し、生成することが特徴です。その中でも ChatGPT は、文書の作成に強みがあります。一言でいえば、与えられたテキストの続きを予測して、書いてくれる生成 AI と言えるでしょう。

　生成 AI による文書作成では、LLM（Large Language Models、大規模言語モデル）と呼ばれる自然言語処理のモデルを活用しています。言語モデルは、人間が話したり書いたりする「言葉」や「文章」をもとに、単語の出現確率をモデル化する技術で、ある単語の後に続く単語の出現確率を統計的に分析し予測します。この言語モデルの大規模なものを利用することで、生成 AI は、あたかも人間の言語を理解しているかのように、回答を予測して生成することができるようになります。

　わが国の金融業界では、生成 AI の社内利用を中心に活用が進みました。例えば、三菱 UFJ フィナンシャルグループ、三井住友フィナンシャルグループ、みずほフィナンシャルグループの３メガバンクでは、安全性やセキュリティに留意するため、行内の情報が社外に流出しないような制限をかけた専用の生成 AI 環境を構築しています。３グループとも行内の専用環境の構築には、マイクロソフトが提供するクラウド型 AI

---

[1] Chat Generative Pre-trained Transformer の略。

サービスである「Azure OpenAI Service」を利用しています。銀行内の文書検索や企画書や面談記録の作成補助などの、業務効率化や生産性向上で活用しています。

さらに2023年から2024年にかけて、業務支援などの分野での生成AIの活用に広がりを見せています（表7-7）。以下、顧客分析、コンタクトセンター支援、営業活動支援、融資業務支援、宣伝物の広告審査、システム運用業務、アバターによる相談、問い合わせ回答草案作成の事例を説明していきます。

顧客分析に関して、三井住友カードでは、顧客利用データを元に、衣料、食品、遊びの嗜好をタイプ分けし、その理由を生成AIで説明する仕組みを作り、加盟店や提携先企業に提供するサービスを検討しています。

コンタクトセンター支援に関して、明治安田生命保険では、コンタクトセンターでの通話内容のメモを、自動作成することで、効率化を図っています。また三井住友海上火災保険では、音声認識技術と生成AIを

〔表7-7〕わが国金融業界での生成AIの活用事例
（日経FinTech2024年6月号等による）

活用分野	説明	金融機関名
顧客分析	顧客利用データの分析結果の言語化	三井住友カード
コンタクトセンター支援	通話内容記録の作成 カスタマーハラスメント対策	明治安田生命保険 三井住友海上火災保険
営業活動支援	顧客面談記録の作成支援	山口フィナンシャルグループ
融資業務支援	融資稟議書作成支援	ふくおかフィナンシャルグループ、宮崎銀行
宣伝物の広告審査	規制への準拠性確認事務支援	野村ホールディングス
システム運用業務	障害のエラーメッセージを自動処理	みずほフィナンシャルグループ
アバターによる相談	投資相談AIアシスタント	楽天証券
問い合わせ回答草案作成	社内データを探索して、精度を高めた回答草案作成	三井住友カード

組み合わせることで、音声からカスタマーハラスメントに該当する用語を検出し、管理者にメール通知を行い、速やかな対応を行うことが可能になる仕組みを取り入れています。

営業活動支援に関しては、山口フィナンシャルグループでは、法人営業担当者や管理職を対象に、音声データをテキスト化して面談記録作成の支援を行うとともに、融資などのビジネスニーズにつながる文言を抽出することに活用しています。

融資業務支援に関して、ふくおかフィナンシャルグループや宮崎銀行では、融資の承認を得るための稟議書の作成に生成 AI を活用しています。

宣伝物の広告審査に関しては、野村ホールディングスが取り組んでいます。金融業の広告には、金融商品取引法などで様々な規制があり、規制に合致しているかどうかの確認は、専門部署で審査していますが、確認項目が多岐にわたるため、審査が集中して滞ることもありました。そこで、業務の効率化に生成 AI を活用しているとのことです。

システム運用に関しては、みずほフィナンシャルグループで、勘定系システムなどのシステムの運用監視に利用しています。

障害でエラーメッセージが大量に発生した場合に、重要なメッセージを識別して、オペレータに対応内容を提示する仕組みに生成 AI を適用する実証実験を行っています。

アバターによる相談について、楽天証券では、アバターが回答するチャットサービスと生成 AI を組み合わせた投資 AI アシスタントを開発しました。2023 年 7 月から投資 AI アシスタント（ベータ版）の利用者上限のある試験運用を行っており、最終的な正式稼働を目指しています。

問い合わせ回答草案作成に関しては、一般に、生成 AI で作成された

生成物には、ハルシネーション（幻覚）と呼ばれる事実と異なる回答を行うなどの問題点があります。そこで、三井住友カードでは、RAG（Retrieval-Augmented Generation：検索拡張生成）という技術により、探索AIで、社内限定の情報を検索して、回答生成AIに情報提供することで、回答草案の精度を高めています（図7-1）。RAGは、社内の情報を社外に出すことなく、生成AIと組み合わせて、文章を生成することができる技術です。なお、三井住友カードの取り組みは、2024年7月時点ではメールでの問い合わせの回答が対象ですが、今後チャットへの回答にも適用する予定です。

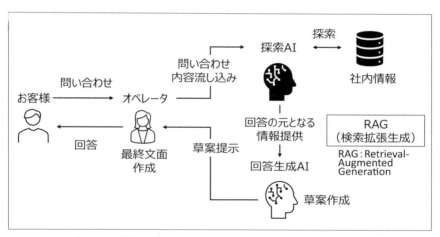

〔図7-1〕RAG（検索拡張生成）を利用した問い合わせ回答草案作成
（三井住友カード2024年7月2日ニュースリリースを元に筆者作成）

7章　進むAIの活用

7.5　金融生成AI実務ハンドブックとガイドライン

　金融データ活用推進協会（FDUA）から、金融業界の生成 AI に特化したガイドとして、2024 年 5 月 31 日に「金融機関における生成 AI の実務ハンドブック第 1.0 版」（略称「金融生成 AI 実務ハンドブック」）、2024 年 8 月 28 日に「金融機関における生成 AI の開発・利用に関するガイドライン第 1.0 版」（略称「金融生成 AI ガイドライン」）が公開されました。2 文書は公開時期が 3 か月ほど異なりますが、一体で検討されたものです。金融生成 AI 実務ハンドブックは、典型的な事例の説明が中心であり、一方金融生成 AI ガイドラインは、AI リスクや AI 原則を、網羅的に整理したものです。ともに金融業のデータ活用の専門家が協働してまとめた文書であり、今後、金融業個社の施策やルールの標準となるものと考えられます。本節では 2 文書の概要を説明します。

7.5.1　金融生成 AI 実務ハンドブック

　金融生成 AI 実務ハンドブックは、第 1 章生成 AI 活用事例、第 2 章生成 AI の更なる活用に向けた論点、Appendix 考慮すべき AI 法律・規制の概要から構成されています（表7-8）。

　第 1 章の生成 AI 活用事例は、1.1 の金融機関における生成 AI 活用の概観、1.2 の生成 AI のリスク、1.3 の生成 AI 活用事例で構成されています。

　1.1 の金融機関における生成 AI 活用の概観では、3 段階で活用レベルを説明しています。レベル 1 は、社内で生成 AI を個人が活用しているレベルです。具体的には、アイデアの壁打ち、キャッチコピーの素案作

− 168 −

成、議事録の整形などです。レベル2は、RAG（Retrieval-Augmented Generation：検索拡張生成）を用いて、自社データとAIモデルを連携させて特定分野のアプリケーション構築を図るレベルで、金融機関ではこのレベルの模索段階が大勢です。レベル3は、顧客向けサービス提供での生成AI活用のレベルで、先進企業ではこのレベルのテスト段階が始まっているとします。

　1.2の生成AIのリスクでは、第一に個人情報・機密漏洩、第二にハルシネーション、第三にプロンプトインジェクション、第四にサードパーティリスク、第五に著作権侵害を挙げています。

　第一の個人情報・機密漏洩では、生成AIへの入力データに個人情報や機密情報が含まれている場合に、そのデータがAIの訓練データベースの一部になる可能性などを指摘しています。

　第二のハルシネーションは、生成AIが存在しない情報や誤ったデータを生成する現象です。

　第三のプロンプトインジェクションでは、生成AIへの指示文であるプロンプトを工夫することで、セキュリティ上の脆弱性をついて、不適切な回答や内部情報漏洩が発生するリスクがあることを指摘しています。

　第四のサードパーティリスクでは、サードパーティの生成AIを利用した場合、利用者からみたリスクのコントロールが不十分となり、情報漏洩などにつながる可能性があることを指摘しています。

　第五の著作権侵害では、AIが生成したコンテンツが既存の著作物と酷似するなど著作権者の権利を侵害する可能性があるとしています。

　1.3の生成AI活用事例は、本文書の中核となるもので、そこでは、9つの具体的な想定事例（表7-8参照）について、効果、想定されるリス

🏛 7章　進むAIの活用

〔表7-8〕金融生成AI実務ハンドブックのポイント

項番	ポイント
はじめに	実務ハンドブックの目的、金融生成AIガイドライン、実務ハンドブックの全体感、対象読者（企画者、開発者、提供者、利用者）について説明
第1章　生成AI活用事例	
1.1 金融機関における生成AI活用の概観	レベル1：社内で生成AIを個々人が活用 レベル2：RAGを用いた自社データとAIモデルの連携によるアプリケーション構築 レベル3：顧客向けサービス提供での生成AI活用現状はレベル2での模索段階が大勢、先進企業でレベル3のテスト段階が始まっている
1.2 生成AIのリスク	以下の5つのリスクを説明 1）個人情報・機密漏洩 2）ハルシネーション（誤った情報の生成） 3）プロンプトインジェクション 4）サードパーティリスク 5）著作権侵害
1.3 生成AI活用事例	9つの事例を挙げて、効果、想定リスクと対応例を示す 事例1：社内業務効率化のためのLLMベースチャットシステムの導入 事例2：生成AIを活用した社内の問い合わせ応対支援 事例3：バーチャル顧客を活用した営業スキルトレーニング 事例4：融資審査効率化のための稟議書・取引概要書自動作成 事例5：生成AIによる顧客情報分析とパーソナライズド営業支援 事例6：生成AIチャットボットによる問合せ対応 事例7：マルチモーダルAIを活用した高度な顧客応対の実現 事例8：中小企業向け融資申請プロセス効率化のための生成AI活用 事例9：金融業務の精度向上を目指す金融特化型LLMモデルの構築
第2章　生成AIの更なる活用に向けた論点	
2.1 現状における生成AI活用の課題	既存業務の補助・サポート中心の活用だけでなく、より大きなビジネスインパクトの創出につながる活用が望まれる
2.2 生成AIを活用するための技術	・プロンプトエンジニアリング：生成AIへの指示の最適化 ・RAG（Retrieval-Augmented Generation：検索拡張生成）：LLMの入力に関連する情報を追加することで、出力の品質や精度を高める ・ファインチューニング：生成AIに特定分野のデータを再学習させカスタマイズする ・データ基盤整備：自社の業務に関連する高品質なデータの収集、整備を組織的に行う ・運用性を高める技術（特定形式での出力やFunction calling）
2.3 組織強化・人材育成とビジネスへの適用	生成AIによる既存の業務スキルや人材育成への影響、企業における生成AI活用で必要とされる人材像やスキル、育成方法についてのポイントを示す

－ 170 －

2.4 生成 AI の進歩と経営への影響	1）基盤モデルの性能向上：画像生成 AI や LLM 2）マルチモーダル AI（テキスト、画像、音声など複数の情報を組み合わせて処理・生成できる AI）の進歩 3）生成 AI 活用技術の進歩：Function calling や AI エージェント 4）経営への影響：従業員に求めるスキルや役割を見直す必要
Appendix 考慮すべき AI 法律・規制の概要	著作権法、個人情報保護法、金融規制法、国内におけるガイドラインなど、諸外国の AI 規制動向について説明

クと対応例を説明しています。また各事例と 1.2 で説明された 5 つのリスクのマッピングも示しています。

第 2 章の生成 AI の更なる活用に向けた論点は、2.1 現状における生成 AI 活用の課題、2.2 生成 AI を活用するための技術、2.3 組織強化・人材育成とビジネスへの適用、2.4 生成 AI の進歩と経営への影響から構成されています。

2.1 現状における生成 AI 活用の課題では、既存業務の補助・サポート中心の活用だけでなく、より大きなビジネスインパクトの創出につながる活用が望まれるとしています。

2.2 生成 AI を活用するための技術では、プロンプトエンジニアリング、RAG（Retrieval-Augmented Generation：検索拡張生成）、ファインチューニング、データ基盤整備、運用性を高める技術などを紹介しています。

プロンプトエンジニアリングは、生成 AI への指示の最適化により出力品質を向上させる技術です。

RAG は、LLM の入力に関連する情報を追加することで、出力の品質や精度を高める技術です。

ファインチューニングは、生成 AI に特定分野のデータを再学習させカスタマイズすることです。

なお、RAG とファインチューニングの相違点ですが、RAG が生成 AI 自体にはデータを取り込まない形態であるのに対し、ファインチューニ

－ 171 －

ングは生成 AI 自体を再学習で強化する形態です。RAG の利点は、AI には取り込みたくない社内データなどを利用することが可能な点です。

　データ基盤整備に関しては、自社業務に関連する高品質なデータの収集、整備を組織的に行うことが必要としています。

　運用性を高める技術に関しては、業務で利用しやすい特定形式で出力する技術や、外部の関数やサービスを呼び出す Function calling があるとしています。

　2.3 組織強化・人材育成とビジネスへの適用では、生成 AI による既存の業務スキルや人材育成への影響、企業における生成 AI 活用で必要とされる人材像やスキル、育成方法についてのポイントを示しています。

　2.4 生成 AI の進歩と経営への影響では、画像生成 AI や LLM 等の基盤モデルの性能向上、マルチモーダル AI（テキスト、画像、音声など複数の情報を組み合わせて処理・生成できる AI）の進歩、生成 AI 活用技術の進歩（Function calling や AI エージェント）を示しています。その上で、企業が従業員に求めるスキルや役割を見直す必要があるとしています。

　Appendix 考慮すべき AI 法律・規制の概要では、著作権法、個人情報保護法、金融規制法、国内におけるガイドラインなど、諸外国の AI 規制動向について説明しています。

7.5.2　金融生成 AI ガイドライン

　金融生成 AI ガイドラインは、第 1 章ガイドラインの目的や位置づけ、第 2 章生成 AI とは、第 3 章考慮すべき AI 原則、第 4 章考慮すべき AI 法律・規制の概要、第 5 章生成 AI ライフサイクルとのマッピングから構成されています（表 7-9）。

第1章ガイドラインの目的や位置づけは、1.1 ガイドライン策定の目的、1.2 ガイドラインの位置づけ、1.3 金融生成 AI ガイドライン・実務ハンドブックの全体感、1.4 ガイドラインの全体像、1.5 ガイドラインが想定する生成 AI 活用の 3 つのレベル、1.6 他のガイドラインとの棲み分け及び関係する主体の整理から構成されています。

1.1 ガイドラインの策定の目的では、金融機関において生成 AI のイノベーティブで健全な活用を促進することを目的としています。

1.2 ガイドラインの位置づけでは、各金融機関が実践的ルールを作る際に留意すべき考え方や指針を示すものとしています。

1.3 金融生成 AI ガイドライン・実務ハンドブックの全体感では、金融生成 AI ガイドラインが AI リスクについて原理原則まで立ち返りより網羅的に整理するものである一方、金融生成 AI 実務ハンドブックが典型的な生成 AI 活用事例に関して効果とリスクを整理するものであるとしています。

1.4 ガイドラインの全体像は、続く 2 章から 5 章の構成の説明です。

1.5 ガイドラインが想定する生成 AI 活用の 3 つのレベルは、金融生成 AI 実務ハンドブックの 1.1 と同じ内容です。現状はレベル 2 での模索段階が大勢であり、先進企業でレベル 3 のテスト段階が始まっているとしています。

1.6 他のガイドラインとの棲み分け及び関係する主体の整理では、他ガイドラインとして、総務省、経済産業省「AI 事業者ガイドライン」、日本ディープラーニング協会「生成 AI の利用ガイドライン」との棲み分けを説明しています。また本ガイドラインの対象者として、企画者、開発者、提供者、利用者を挙げています。

第2章「生成 AI とは」は、2.1 生成 AI の特徴と 2.2 生成 AI のリスクか

🏛 7章　進むAIの活用

〔表7-9〕金融生成AIガイドラインのポイント

項番	ポイント
第1章　ガイドラインの目的や位置づけ	
1.1 ガイドライン策定の目的	金融機関において生成AIのイノベーティブで健全な活用を促進することを目的とする
1.2 ガイドラインの位置づけ	各金融機関が実践的ルールを作る際に留意すべき考え方や指針を示すもの
1.3 金融生成AIガイドライン・実務ハンドブックの全体感	金融生成AIガイドライン：AIリスクについて原理原則まで立ち返りより網羅的に整理 金融生成AI実務ハンドブック：典型的な生成AI活用事例に関して効果とリスクを整理
1.4 ガイドラインの全体像	2章から5章の構成の説明
1.5 ガイドラインが想定する生成AI活用の3つのレベル	金融生成AI実務ハンドブックの1.1と同じ3つのレベルを説明し、現状はレベル2での模索段階が大勢、先進企業でレベル3のテスト段階が始まっている
1.6 他のガイドラインとの棲み分け及び関係する主体の整理	他ガイドライン：総務省、経済産業省「AI事業者ガイドライン」、日本ディープラーニング協会「生成AIの利用ガイドライン」 本ガイドラインの対象：企画者、開発者、提供者、利用者
第2章　生成AIとは	
2.1 生成AIの特徴	注目された背景、今までのAIとの違い、できるようになったこと
2.2 生成AIのリスク	実務ハンドブックの1.2と同じ5つのリスクを説明
第3章　考慮すべきAI原則	
3.0 金融機関におけるAI原則対応状況	AI原則を3つのステップに分け、ステップA→ステップB→ステップCの順に対応が進んでいるとする
3.A-1 セキュリティ確保	サイバー攻撃や情報漏洩のリスクに対するセキュリティ対策
3.A-2 安全性	人間の生命、身体、財産、精神、及び環境に与える影響を考慮し、これらの保護のための配慮と適正利用
3.A-3 プライバシー保護	顧客や従業員の個人情報を適切に収集・保存・利用するためのポリシーの策定と遵守
3.B-1 人間中心	顧客や従業員の尊厳と個人の自律を尊重し、彼らの意思決定を支援する形での生成AIの導入
3.B-2 イノベーション	オープンイノベーションや相互接続性、適切な情報提供などによる技術進化
3.B-3 教育・リテラシー	生成AI技術の正しい理解、安全かつ倫理的に利用するための知識とスキルの習得による、AIリテラシーの確保向上
3.C-1 透明性	検証可能性確保とステークホルダーへの情報提供による、生成AIシステムの信頼性と透明性の向上
3.C-2 公平性	人間の判断の適切な介在などでバイアスの影響を最小限に抑え、公平で信頼性の高い生成AIシステムの提供
3.C-3 アカウンタビリティ	生成AIシステムの責任明確化と履歴の記録によるステークホルダーへの透明性と説明責任の確保
3.C-4 公正競争確保	すべての市場参加者にとっての公正な競争環境の確保

第 4 章　考慮すべき AI 法律・規制の概要	
4.1 生成 AI に関連する法律・規制の概要	実務ハンドブックの Appendix と同じく、著作権法、個人情報保護法、金融規制法、国内におけるガイドラインなど、諸外国の AI 規制動向について説明
4.2「3 章考慮すべき AI 原則」と法律・規制の関係	3 章の AI 原則 10 項目の各項目に対して、4.1 の法律、ガイドラインなどの該当箇所を提示
第 5 章　生成 AI ライフサイクルとのマッピング	
5.1 生成 AI ライフサイクル概要	生成 AI ライフサイクルは、アジャイル開発手法を前提に、企画、開発、提供、運用の 4 ステップで構成
5.2 生成 AI ライフサイクル概説	企画：生成 AI の開発と利用に関する基本的な計画を立てプロジェクトの方向性を明確化 開発：生成 AI システムの構築に必要な技術的な実装 提供：生成 AI システムを利用者に提供するための準備と実装 運用：生成 AI システムを実際に運用、監視評価の上で改善
5.A RAG 活用のベストプラクティス	LLM を活用した RAG 構築に関して、企画、構築、評価、システム構築、運用の各ライフサイクルでのベストプラクティスを具体的に提示

ら構成されています。

2.1 生成 AI の特徴では、注目された背景、今までの AI との違い、できるようになったことを説明しています。

2.2 生成 AI のリスクでは、実務ハンドブック 1.2 と同じ 5 つのリスクを説明しています。

第 3 章考慮すべき AI 原則では、3.0 金融機関における AI 原則対応状況で、AI 原則を 3 つのステップに分け、ステップ A →ステップ B →ステップ C の順に対応が進んでいるとし、以降ステップ A で 3 件、ステップ B で 3 件、ステップ C で 4 件の原則について対応と考慮事項を説明しています。

3.A-1 セキュリティ確保では、サイバー攻撃や情報漏洩のリスクに対してセキュリティ対策を実施することを求めています。

3.A-2 安全性では、人間の生命、身体、財産、精神、及び環境に与える影響を考慮し、これらの保護のための配慮と適正利用を求めています。

－ 175 －

3.A-3 プライバシー保護では、顧客や従業員の個人情報を適切に収集・保存・利用するためのポリシーの策定と遵守を求めています。

3.B-1 人間中心では、顧客や従業員の尊厳と個人の自律を尊重し、彼らの意思決定を支援する形での生成 AI の導入を求めています。

3.B-2 イノベーションでは、オープンイノベーションや相互接続性、適切な情報提供などによる技術進化を求めています。

3.B-3 教育・リテラシーでは、生成 AI 技術の正しい理解、安全かつ倫理的に利用するための知識とスキルの習得による、AI リテラシーの確保向上を求めています。

3.C-1 透明性では、検証可能性確保とステークホルダーへの情報提供による、生成 AI システムの信頼性と透明性の向上を求めています。

3.C-2 公平性では、人間の判断の適切な介在などでバイアスの影響を最小限に抑え、公平で信頼性の高い生成 AI システムの提供することを求めています。

3.C-3 アカウンタビリティでは、生成 AI システムの責任明確化と履歴の記録によるステークホルダーへの透明性と説明責任の確保を求めています。

3.C-4 公正競争確保では、すべての市場参加者にとっての公正な競争環境の確保を求めています。

第 4 章考慮すべき AI 法律・規制の概要は、4.1 生成 AI に関連する法律・規制の概要と 4.2「3 章考慮すべき AI 原則」と法律・規制の関係から構成されています。

4.1 生成 AI に関連する法律・規制の概要では、金融生成 AI 実務ハンドブックの Appendix と同内容で、著作権法、個人情報保護法、金融規制法、国内におけるガイドラインなど、諸外国の AI 規制動向について

説明しています。

4.2「3 章考慮すべき AI 原則」と法律・規制の関係では、3 章の AI 原則 10 項目の各項目に対して、4.1 の法律、ガイドラインなどの該当箇所を提示しています。

第 5 章生成 AI ライフサイクルとのマッピングは、5.1 生成 AI ライフサイクル概要、5.2 生成 AI ライフサイクル概説、5.A RAG 活用のベストプラクティスから構成されています。

5.1 生成 AI ライフサイクル概要では、生成 AI ライフサイクルがアジャイル開発手法を前提として、企画、開発、提供、運用の 4 ステップに分けられることを説明しています。

5.2 生成 AI ライフサイクル概説では、企画、開発、提供、運用の各ステップを説明しています。

企画では、生成 AI の開発と利用に関する基本的な計画を立てプロジェクトの方向性を明確にします。

開発では、生成 AI システムの構築に必要な技術的な実装を行います。

提供では、構築された生成 AI システムを利用者に提供するための準備と実装を行います。

運用では、提供された生成 AI システムを実際に運用し、監視評価の上で必要に応じて改善をします。

5.A RAG 活用のベストプラクティスでは、LLM を活用した RAG 構築に関して、企画、構築、評価、システム構築、運用の各ライフサイクルでのベストプラクティスを具体的に提示しています。

参考文献

- 金融データ活用推進協会（2023）「金融 AI 成功パターン」日経 BP
- 日経 BP「日経 FinTech2024 年 6 月号」
- 日経 BP「金融 DX 戦略レポート 2024-2028」
- 住信 SBI ネット銀行

  https://www.netbk.co.jp/contents/hojin/lending/
- 福岡銀行

  https://lending.fukuokabank.co.jp/
- クレジットエンジン LENDY

  https://lendy.jp/
- GMO あおぞらネット銀行

  https://gmo-aozora.com/
- 楽天証券

  https://wrap.rakuten-sec.co.jp/
- THEO

  https://theo.blue/
- WealthNavi

  https://www.wealthnavi.com/
- 日本投資顧問業協会

  https://www.jiaa.or.jp/
- 三井住友カード 2024 年 7 月 2 日ニュースリリース

  https://www.smbc-card.com/company/news/news0001932.pdf
- 金融データ活用推進協会（2024）「金融機関における生成 AI の開発・

利用に関するガイドライン第 1.0 版」

・金融データ活用推進協会（2024）「金融機関における生成 AI の実務ハ
ンドブック第 1.0 版」

7章　進むAIの活用

コラム：長期・分散・積立

　株式や投資信託等投資性商品への投資に関しては、「長期・分散・積立」が王道の投資スタイルと言われています。なぜならば、投資性商品は、経済環境や企業業績からの影響で値動きが大きく、短期的には価格下落のリスクがあること、そして、銘柄によって価格が上昇するものもあれば、下落するものもあるからです。また投資タイミングの理想は、価格が下がった時に購入し、価格が上がった時に売却することですが、実際は価格の下がった時や上がった時のタイミングを捉えることは、非常に困難です。表では、長期・分散・積立の投資セオリーとアンチセオリーの投資スタイルを比較してみました（下の表参照）。

　このように投資セオリーの長期・分散・積立の形は、投資商品選択に多くの時間をかけることができないような、現役世代に適した投資方法であると言えます。そしてそのような投資をするのに手間をかけずに行えるのがロボアドバイザーサービスです。

　筆者も、2018年からロボアドバイザーサービスで投資信託を購入しており、先進国株式、新興国株式、先進国債券、新興国債券、海外リー

〔表〕長期・分散・積立の投資セオリー（筆者作成）

	投資セオリー（長期・分散・積立）	アンチセオリーの投資スタイル
投資期間	いったん買ったらそのまま長期間保持する（長期）	頻繁に売買を繰り返す（短期売買）
投資対象	値動きが異なる様々なカテゴリーの投資商品を組み合わせる（分散）	着目した銘柄や商品に集中投資する（集中）
投資タイミング	相場に関係なく、定期的に定額で購入していくことで、価格が安い時に多く購入し、高い時に少なく購入することができる（積立：時間分散）	価格が下がった時に購入し、価格が上がった時に売却する（相場観頼み）
所見	購入したら、投資方針を変更しない限り、機械的に投資を行うことができ、心理的な負担も小さい	購入・売却タイミングの決定には、相応の訓練と判断力が必要、心理的な負担も大きい

－ 180 －

ト[2]、国内リート、コモディティ[3]の投資信託に分散して毎日積立投資をしています。国内株式も本来は加えるべきですが、それは個別に購入していたため、積立の対象としていません。2018年から2024年までの間に、最も厳しかった局面は、2020年3月から5月のコロナショック時でした。この期間は、投資実績がマイナスとなりました。その後は、上がり下がりはあるものの、資産は増加しています。

なお、毎日の積立をする際、注意しなければいけないのは、海外の資産が投資対象の投資信託の場合、国内とは異なる海外休日があることです。海外休日の日は買い付けができないため、厳密にはその日と翌営業日のどちらかでしか積立ができないという制約があります。

---

[2] リート（REIT）とは、投資家から集めたお金をオフィスビルやマンションなどの不動産に投資し、賃貸収入や売却益を投資家に分配する不動産投資信託のことです。ここでは、さらに複数の不動産投資信託に分散投資するリートファンドのことを言います。
[3] コモディティとは、一般に「商品」を指す言葉で、具体的な投資対象には、金などの貴金属、原油などのエネルギー資源、トウモロコシなどの穀物があります。

8章

ブロックチェーンの活用とWeb3

8.1 ブロックチェーンと暗号資産

　ブロックチェーンは、分散型台帳とも呼ばれ、一種のデータベースです。その本質的特徴は、ブロックが時系列に並ぶことと取引記録の台帳が分散して保有されることです（図8-1）。当初、暗号資産（仮想通貨）のビットコインで使われていることから一般化しました。台帳の分散されている形態を P2P（Peer to Peer）型[1]と言います。この P2P 型のブロックチェーンの登場により、金融においては、中心となる金融機関や金融ネットワークでの管理がなくても、改ざんができないシステムが構築できると期待されました。また障害に対しても強いという特徴があります。そして、ブロックチェーンなどを用いて、誰もが自律分散的にデータを

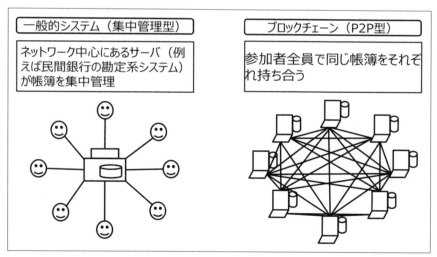

〔図 8-1〕一般的システムとブロックチェーンの対比（筆者作成）

---

[1] P2P 型とは、ネットワーク上で対等な関係にある端末間を相互に直接接続し、データを送受信する通信方式。また、そのような方式を用いて通信するソフトウェアやシステムの総称を言う。

8章 ブロックチェーンの活用とWeb3

管理し、安全に利活用できるインターネットの新しい世界観が、Web3です。ブロックチェーン以外に、後述するDAO（8.5節）、NFT（8.6節）もWeb3の構成要素です。

実際のブロックチェーンの代表的かつ最初のユースケースとして、暗号資産のビットコインにおける構造を説明します。ビットコインの取引は、ブロックチェーンのすべての参加者が参照できるようになっています。そのトランザクションの動きを示したのが図8-2です。1件1件の取引（トランザクション）については、前の取引のハッシュ値を含み、前の所有者が取引を確認した電子署名がされています。このような形で取引の連鎖が行われているのです。所有者が承認しない限り、ビットコインは移転できませんし、また取引について、すべてのブロックチェーン参加者に開示されているのです。

その際、署名確認の際にポイントとなるのが前の取引のハッシュです。このハッシュないしハッシュ値とは、元のデータ（ここでは前の取引）をハッシュ関数によって変換したデータのことです。ハッシュ値を生成

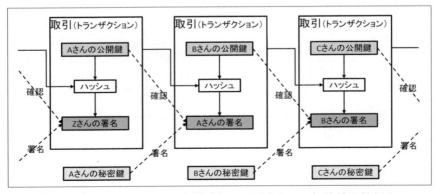

〔図8-2〕ビットコインの取引（トランザクション）連鎖の仕組み
（peryaudo『ビットコインの仕組み』を元に筆者作成）

するハッシュ関数には、ハッシュ値から元の値を計算することが極めて困難であるという特徴と、同じデータからは常に同じハッシュ値が生成され、元データの内容が少しでも変わるとハッシュ値も違ったものになるという特徴があります。なお、ハッシュ値から元の値を計算することが極めて困難であるということを「不可逆性がある」と言います。

　このようにして、取引の連鎖が起こっていきます。ただ、これだけでは、元の所有者が同時に2つの相手に譲渡するという二重譲渡が起きることを防ぐことができません。そこで、取引の真正性が確保されるための仕組みとして、確認が済んだ複数の取引を纏めたブロックを時系列的に作ることになります。このブロックを作る作業をマイニングと言いますが、マイニングに成功すると決められた報酬を受け取ることができるというインセンティブがあります。

　マイニングの仕組みを説明します。ブロックには、前のブロックのハッシュ値と、複数の取引とナンスが含まれます（図8-3）。ナンス（Nonce）あるいは、ナンス値とは、「Number used once」の略であり、「一度だけ使用される数字」という意味です。その際、ブロックのハッシュ値について、決められた条件より小さい値にする必要があるというルールが事前に決められています。前のブロックのハッシュ値と取引データは変え

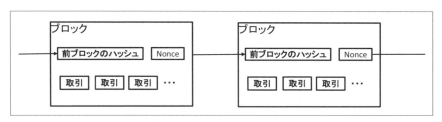

〔図8-3〕ビットコインのブロック
（peryaudo『ビットコインの仕組み』を元に筆者作成）

8章　ブロックチェーンの活用とWeb3

ることができませんので、ナンスを変えることによって、ハッシュ値が決められた条件より小さい値になるようにする必要があります。この決められた値より小さいハッシュ値を作るのは、逆算ではできません。ナンスを総当たりで試していく必要があります。ビットコインの場合、その総当たりでナンスを発見するまでに10分程度かかるように難易度が調整されています。そして、決められた値より小さなハッシュ値を作るためのナンスを発見した人が、ブロックを作る権利を得て、報酬を受け取ることができるのです。この決められた値より小さなハッシュ値を探す作業こそが、ブロックを作ることでもあり、マイニングです。このような決められた値より小さなハッシュ値を作成することで、ブロックを作る方式を proof of work（仕事の証明）と言います。

　なお、ビットコインの場合、約4年ごとにマイニングの報酬は、半額に減額していきます（表8-1）。

　例えば2024年4月20日までは6.25ビットコインの報酬を受け取ることができましたが、この日に報酬の半減期を迎え、それ以降は3.125ビットコインを受け取ることになります。1ビットコインは、開始されたときに比較して大きく上昇しており、2024年5月時点で1100万円程度ですので、約3400万円の報酬が受け取れるということになります。

〔表8-1〕ビットコインのマイニングの報酬（各種資料による）

ブロック番号	開始時期（半減期）	報酬
0 - 209,999	2009年1月	50ビットコイン
210,000-419,999	2012年11月	25ビットコイン
420,000-629,999	2016年7月	12.5ビットコイン
630,000 - 839,999	2020年5月	6.25ビットコイン
840,000-1,049,999	2024年4月	3.125ビットコイン
1,050,000-1,259,999	2028年頃	1.5625ビットコイン
以下同様に続く		

ところで、誰でも参加できるような、ビットコインに代表されるパブリック型には、処理能力が低いという、金融取引には致命的となる欠点がありました。なぜならば、マイニングに10分程度の時間がかかってしまうため、取引が確定するのもそれ以上の時間がかかるためです。パブリック型でも保有量の多い参加者がブロックを作成する権利を得やすくなるという proof of stake（掛け金の証明）という方式が proof of work を改善するものですが、取引承認をリアルタイムで行うところまではいきません。そこで、金融取引向けに考えられたのが、管理者を限定するコンソーシアム型や、管理者が決まっているプライベート型です（表8-2）。

　コンソーシアムブロックチェーンないしプライベートブロックチェーンの代表的なものには、Hyperledger Fabric[2] や Corda[3] というブロックチェーンがあります。

　ビットコインに代表される暗号資産について、定義を確認しておきましょう。暗号資産とは、簡単に言えばインターネット上のお金（財産的価値）ですが、より正確には、資金決済法では、以下のように定義され

〔表8-2〕ブロックチェーンの類型と特徴（筆者作成）

	パブリック型	コンソーシアム型	プライベート型
管理者の有無	なし	あり、相互に信頼関係にある複数の主体	あり、単独
ノード参加	自由	管理者による許可制	管理者による許可制
認証に求められる合意形成の厳格さ	厳格（仕事の証明：proof of work）	必ずしも厳格でなくても良い（管理者次第）	必ずしも厳格でなくても良い（管理者次第）
（相対的）認証時間	遅い	早くできる	早くできる
一定時間内に処理できる（相対的）取引量	少ない	多くできる	多くできる

---

[2] Hyperledger Fabric は、Linux Foundation が主宰する Hyperledger Project で採択されたサプライチェーンビジネス利用に強みがあるオープンソースのブロックチェーンプロダクトです。
[3] Corda は、米国の R3 社によって開発されたビジネス向けのブロックチェーンです。

ています。

(1) 不特定の者に対する代金の支払い等に使用でき、かつ、法定通貨（日本円等）と相互に交換できる
(2) 電子的に記録され、移転できる
(3) 法定通貨または法定通貨建ての資産（プリペイドカード等）ではない

　実は、ほとんどの暗号資産はブロックチェーンを用いていますが、必ずしも定義の上ではブロックチェーンの利用は必須ではありません。

　暗号資産は、Suica などの交通系 IC カードに代表される電子マネーと比較して、転々流通性がある代わりに、価格の変動が大きいという不安定要素があります。そこで、転々流通性を維持したまま、価格を安定させるステーブルコインやデジタル通貨の実現を目指す動きが生じてきています（表8-3）。

　さて、暗号資産の時価総額は、約 400 兆円で、ビットコインがその 5 割以上を占めています。ビットコインに続くのが、イーサリアムです。イーサリアムは、契約の自動化などのスマートコントラクトのプラットフォームとなる暗号資産です。またステーブルコインの代表格である Tether がその次の時価総額規模となっています（表8-4）。ただし、

〔表8-3〕電子マネー、暗号資産、ステーブルコインの相違点
（野口 2018 を元に筆者が作成）

	管理主体	流通	価格
電子マネー	あり	一回限りの使用	固定
暗号資産（仮想通貨）	なし（P2P 型）	転々流通	変動
ステーブルコイン	あり	転々流通	ほぼ固定

〔表 8-4〕代表的な暗号資産（筆者作成、2024 年 5 月 21 日時点）

通貨	時価総額	特徴など
ビットコイン（BTC）	218 兆円	暗号資産全時価総額の約 54％
イーサリアム（ETH）	68 兆円	契約の自動化・スマートコントラクトのプラットフォームとなる通貨
Tether（USDT）	17 兆円	US ドルに連動するステーブルコインの筆頭

Tether は、日本国内の暗号資産取引所では取り扱われていません。

　2024 年 1 月に、ビットコインが米国の ETF（Exchange Traded Funds 上場投資信託）へ組み込まれることが、米国の証券取引委員会（SEC）によって、承認され、ニューヨーク証券取引所など、米国主要市場に上場することになりました。そのことを契機にビットコインの価格は上昇傾向にあります。

8.2 ステーブルコイン

　ステーブルコインとは、法定通貨などと価格を連動させることで、価格を安定させるように設計された暗号資産の一種です。暗号資産の決済手段としての普及を図るものです。ステーブルコインには、担保となる資産によって、法定通貨担保型、アルゴリズム型（無担保型）、暗号資産担保型、コモディティ型に分類できます（表8-5）。

　法定通貨担保型は、法定通貨（米ドル、日本円等）を担保として持つことで、法定通貨に連動した価格を維持するものです。代表例は、米Tether の USDT、米サークル社の USDC です。2024 年 5 月末現在の暗号資産の時価総額ランキングでは、USDT は 3 位、USDC は 6 位に入っており、米国では決済手段として普及しています。ただし日本の法律では、暗号資産として認められていないため、国内の暗号資産取引所では取り扱いがなく取引ができません。

　アルゴリズム型（無担保型）は、裏付け資産を持たず、アルゴリズムにより価格が維持されるように設計されたものです。代表例として UST（テラ USD）があります。1US ドル相当の LUNA という暗号資産との交

〔表 8-5〕ステーブルコインの種類（筆者作成）

担保によるタイプ	説明	代表事例
法定通貨担保型	法定通貨（米ドル、日本円等）を担保として持つことで、法定通貨に連動した価格を維持するもの	USDT、USDC
アルゴリズム型（無担保型）	裏付け資産を持たず、アルゴリズムにより価格が維持されるように設計されたもの	UST
暗号資産担保型	主要な暗号資産（ビットコインやイーサリアム等）を担保として、価格を安定させるもの	DAI
コモディティ型	相場のある商品（金や原油など）価格の値動きに連動させるもの	ジパングコイン

－ 192 －

換を可能とすることで、価格安定を図っていました。そして、ステーブルコインとして USDT、USDC に次ぐ3番目の時価総額規模まで成長しました。しかし 2022 年 5 月に LUNA の価格の急落を起因に、LUNA との交換が機能しなくなり、UST も急落しました。

　暗号資産担保型は、主要な暗号資産（ビットコインやイーサリアム等）を担保として、価格を安定させるものです。代表例として、米ドルへ連動する DAI があります。日本国内の暗号資産取引所でも購入が可能です。DAI は、自律分散型組織（DAO）である「Maker DAO」が運営しています。なお、自律分散型組織（DAO）とは、特定の管理者が存在せず、ブロックチェーン上で運営される組織です。

　コモディティ型は、相場のある商品（金や原油など）価格の値動きに連動させるものです。日本では、三井物産の関連会社である三井物産デジタルコモディティーズが 2022 年 2 月から発行しているジパングコインがあります。

　さて、わが国で 2023 年 6 月に施行された改正資金決済法では、法定通貨建てのステーブルコインをデジタルマネー類似型の電子決済手段として規定しました。先ほど述べたアルゴリズム型、暗号資産担保型、コモディティ型は、従来からあった暗号資産であると定義づけられており、法定通貨建てのステーブルコインだけが、別扱いにされた点がポイントです。

　資金決済法上でのステーブルコインの発行と償還は、為替取引として位置づけ、発行者を限定することとしました。発行者は、為替取引を行うことができる銀行や資金移動業者が認められ、それらに加えて、新たに信託会社が認められました。またブロックチェーンを用いるため、発行償還と、仲介が分離されるという認識で、仲介業者についても、電子

－ 193 －

8章 ブロックチェーンの活用とWeb3

決済手段等取引業が規定されました。

　資金決済法上でのステーブルコイン発行の3類型は、銀行預金型、資金移動業型、信託型です（表8-6）。銀行預金型は預金先同士の送金に限定されており、地域を限定した地域通貨的な使い方が想定されます。資金移動業型も送金金額が100万円までということで企業間の大口送金には利用できないという制約があります。一方、信託銀行のライセンス取得による信託型は、相互運用性の高いステーブルコインの設計が可能であり、用途が広がる事が期待できます。

〔表8-6〕資金決済法上のステーブルコイン（デジタルマネー類似型の電子決済手段）の分類と制約（Progmat社HPを元に筆者作成）

分類	制約事項	所見、代表例
銀行預金型	銀行が発行者、本人確認済の先しか送金できない	銀行預金先同士の送金には使えるが、相互運用性に難点。地域通貨的な活用か。北國銀行の「トチカ」が2024年4月開始
資金移動業型	資金移動業が発行者、送金金額1回100万円まで	法人利用取引等の大口送金の利用はできない。相互運用性に難点。ウニードス、SBIホールディングス
信託型	発行者：信託会社のライセンス取得が必要（信託銀行が取得可能）仲介者：電子決済手段等取引業の登録が必要	相互運用性ある設計が可能。Progmat、ジャパンオープンチェーン

8.3 デジタル証券（セキュリティ・トークン）

　ここでのデジタル証券は、セキュリティ・トークンとも呼ばれ、ブロックチェーンの技術を使って社債や株式などの有価証券をデジタル化したものです。2020年5月から施行されている改正金融商品取引法で定義されており、「電子記録移転有価証券表示権利等」というのが正式名称です。

　従来の社債や株式が、ペーパーレス化された後も、証券保管振替機構（ほふり）で集中管理されているのに対し、デジタル証券は、ブロックチェーン技術を活用した独自のプラットフォームで発行や管理がされています。

　デジタル証券（セキュリティ・トークン）のメリットは、第一に小口化発行が可能、第二にリターンなどの多様な設計が可能、第三に高い換金性です（表8-7）。

　第一の小口化発行が可能である点は、発行コストや管理コストを抑えることができるため、小口に分割した投資商品が発行できることです。

　第二のリターンなどの多様な設計が可能である点は、投資のリターン

〔表8-7〕デジタル証券のメリット（筆者作成）

メリット	説明
小口化発行が可能	発行コストや管理コストを抑えることができるため、小口に分割した投資商品が発行できる
リターンなどの多様な設計が可能	投資のリターンとなる配当や分配金について、金銭以外のものを渡すことができる。発行体が投資家となる販売先を選定することもできる
高い換金性	従来一体でしか売買できなかった収益不動産などを分割して証券化することができ、流動性や換金性を高めることができる

となる配当や分配金について、金銭以外のものを渡すことができるようになります。また、発行体が投資家となる販売先を選定することもできるため、従来の金融市場経由以外の顧客を投資家とすることが可能となります。例えば、丸井グループのデジタル社債では、丸井のエポスカードの会員だけが購入できるという発行形態により、丸井のコア顧客に投資体験を提供することで、エンゲージメントを高めるような効果を創出しています。

第三の高い換金性は、第一の小口化発行可能とも関連しますが、例えば従来一体でしか売買できなかった収益不動産などを分割して証券化することができ、流動性や換金性を高めることができる点です。

日本でセキュリティ・トークンの発行を行うことができるプラットフォームで代表的なものは、3つあります。ibet、Progmat、Securitizeです（表 8-8）。

〔表 8-8〕セキュリティ・トークンのプラットフォーム
（日経 FinTech2023・2024 を参考に筆者作成）

Platform	設立母体	初期の代表的案件
ibet	BOOSTRY 社（出資内訳、野村ホールディングス 51％、野村総合研究所 34％、SBI ホールディングス 10％、日本取引所グループ 5％）	SBI 証券社債 1 億円（2021 年） 日本取引所グループ環境債 5 億円（2021 年） スパークスグループ社債 10 億円（2021 年） 三井物産デジタルアセットマネジメント物件：銀座・代官山 18.3 億円（2022 年）
Progmat	Progmat 社（三菱 UFJ 信託銀行 49％、NTT データ 13.5％、みずほ信託銀行 7.5％、三井住友信託銀行 7.5％、三井住友フィナンシャルグループ 7.5％、SBIPTS ホールディングス 5％、JPX 総研 5％、Datachain5％）	ケネディクス物件：渋谷神南 14.5 億円（2021 年）、赤羽志茂 20.9 億円、厚木 69.2 億円（2022 年）、三井物産デジタルアセットマネジメント物件：神戸 7.6 億円（2021 年）、草津 20.9 億円、新宿中落合 17.6 億円（2022 年）
Securitize	Securitize Japan 社（KDDI、野村ホールディングス、三井不動産、MUFG、SBI ホールディングス、三井住友信託銀行、NTT データ等が出資する米 Securitize の子会社）	エンジョイワークス物件：葉山金額非開示（2020 年）、丸井グループ社債 1.3 億円×2 回（2022 年）、2.2 億円（2023 年）、カゴメ社債 10 億円（2023 年）

ibet は、野村ホールディングスと野村総合研究所の合弁で設立され、SBI 証券、日本取引所グループなどの社債や三井物産デジタルアセットの不動産物件の不動産セキュリティ・トークン化を行っています。

Progmat は、三菱 UFJ 信託銀行を中心に、信託銀行が参加しており、ケネディクスや三井物産デジタルアセットマネジメントなどの不動産物件の不動産セキュリティ・トークン化を行っています。

Securitize は、米 Securitize の子会社が運営しており、丸井グループやカゴメの社債発行を行っています。

デジタル証券（セキュリティ・トークン）が流動性や換金性を高めるためには、発行市場（プライマリーマーケット）だけでなく、流通市場（セカンダリーマーケット）の充実が必要となります。その最初の取り組みとして、2023 年 12 月から大阪デジタルエクスチェンジにて、日本初のセキュリティ・トークンの流通市場「START」が開設され、不動産セキュリティ・トークン 2 銘柄の取り扱いが始まりました。

大阪デジタルエクスチェンジは、SBI ホールディングス傘下の私設取引システム（PTS）運営会社で、2022 年 4 月に PTS 運営の認可を受け、2022 年 6 月から株式売買を取り扱っていました。その上で、2023 年 11 月に日本初のセキュリティ・トークン取引に関する PTS 開設の認可を受けてセキュリティ・トークンの流通市場開設に至っています。なお現在は、銀行を介した決済を行っているため、取引約定後、2 営業日後に決算が完了する仕組みですが、今後国内のステーブルコインの決済プラットフォームと連携することで、セキュリティ・トークンの移転と同時に決済が行われることを目指しています。

8.4 CBDC

CBDC は、Central Bank Digital Currency の略で、中央銀行デジタル通貨のことです。ステーブルコインが民間発行のデジタル通貨（DC：Digital Currency）ないし電子決済手段であるのに対し、中央銀行が発行するのが、CBDC です。ステーブルコインや電子マネーと異なる最大の点は、中央銀行の負債として発行されるものである点です。日本銀行では、「既存の中央銀行預金とは異なる、新たな形態の電子的な中央銀行マネー」と定義しています。

CBDC には、大きく分けて「ホールセール型」と「一般利用型」があります。

ホールセール型は、金融機関の大口決済に利用するためのもので、利用者は金融機関やそれに準じる企業に限定されます。中央銀行の当座預金に類似していますが、ブロックチェーン（分散型台帳）技術を利用して、決済の効率化や利便性を高めるものです。一方の一般利用型は、現金を代替するものであり、個人や企業が店舗や送金決済等で利用できるものです。一般利用型では、中央銀行が直接個人や企業に発行する直接型と、民間の金融機関を経由して発行する間接型が理論的には考えられますが、直接型は、残高管理等をすべて中央銀行が行うことになり、現実的ではなく、間接型が一般的です。また一般利用型では、デジタルウォレットアプリなどの仕組みが必要になります。

また発行形式での分類として、「口座型」、「トークン型」、「混合型」があります。「口座型」は、決済を中央銀行ないし仲介する金融機関の口座間で行う形式です。「トークン型」は、トークンに金銭的価値を付

- 198 -

与し、主にブロックチェーン（分散型台帳）技術を用いて、トークンの保有者情報を変更することで、CBDC の移転を行う形式です。「混合型」は、金融機関残高は中央銀行口座で管理し、一般利用者の残高は、分散型台帳とトークン情報で管理するものです（表8-9）。「トークン型」や「混合型」では、ブロックチェーン（分散型台帳）技術で、台帳管理をする形態が多く取られます。

世界での正式発行事例としては、2020 年 10 月に相次いで発行されたバハマ中央銀行の「サンドダラー」（2020 年 10 月 20 日開始）とカンボジア国立銀行の「バコン[4]」（2020 年 10 月 28 日開始）があります。いずれも一般利用型の間接型でトークン型です。

バハマでのサンドダラーの導入背景は、カリブ海の 700 以上の島でできている国であるため、現金の輸送コストが高いことや、民間銀行の店舗が少なく、オンライン金融サービスが未発達であることがありました。バハマのブロックチェーン会社 NZIA のブロックチェーンを用いています。中央銀行が指定した民間金融機関のデジタルウォレット専用アプリで決済や送金を行う仕組みです。流通量は 2024 年時点で国内の現金通貨量の 0.3％程度であり、流通の拡大に課題があります。

〔表 8-9〕CBDC の分類（筆者作成）

種別	発行方式	発行形式	説明
ホールセール型	直接型	口座型	金融機関の大口決済での利用
一般利用型	直接型	口座型	現実的ではない
		トークン型	
	間接型	口座型	金融機関の口座で管理を行う
		トークン型	分散型台帳とトークンの情報で管理
		混合型	金融機関残高は中央銀行口座で管理、一般利用者残高は分散型台帳とトークンの情報で管理

[4] カンボジア国立銀行では、バコンは CBDC（中央銀行デジタル通貨）ではなく、モバイル決済のシステムであるとしています。

カンボジアでのバコンの導入背景は、銀行口座保有率が22％と低かったこと、USドルへの依存度が高く、自国通貨リエルの利用率が低いこと、国の金融決済アーキテクチャの簡素化を図ろうとしたことです。日本のブロックチェーン企業ソラミツが開発したブロックチェーン「Hyperledger Iroha[5]」を採用しています。米ドルとカンボジアリエルを使い分けることができる専用アプリで決済や送金を行う仕組みです。決済手数料、送金手数料とも無料です。2022年7月時点でカンボジア国民1600万人のうち、1000万人以上が利用しているとのことで、普及していると言えます。

バハマ、カンボジアに続いて正式発行しているのが、2021年のナイジェリア、2023年のジャマイカです。中国のデジタル人民元も、正式発行に至っていませんが、大掛かりな実証実験を行って、準備を進めています。BIS（Bank for International Settlements：国際決済銀行）の調査によると、全世界の中央銀行の9割以上が検討を含めた何らかの取組みを行っています。

日本銀行も2021年4月から概念実証を行い、2023年4月からはパイロット実験を行っています。2023年7月からは、民間企業や団体64社（団体）との意見交換の場として、CBDCフォーラムを設置しています。国際的な動きとして、日本銀行は、2024年4月からは、BIS（国際決済銀行）が企画運営するクロスボーダー決済の実験プロジェクトである「プロジェクト・アゴラ」に参画しています。このプロジェクト・アゴラは、ブロックチェーン技術を使ったプラットフォームに中央銀行と民間金融機関の両方を乗せて、クロスボーダー決済を行うホールセール型の新イ

---

[5] Hyperledger Irohaは、Linux Foundationが主宰するHyperledger Projectで採択されたブロックチェーンフレームワークのオープンソースの一つで、デジタル資産管理、ID管理に強みがあります。

ンフラの可能性を検討するものです。このプロジェクトには、フランス
銀行＜ユーロシステム代表＞、日本銀行、韓国銀行、メキシコ銀行、ス
イス国立銀行、イングランド銀行、ニューヨーク連邦準備銀行という7
つの中央銀行が参加します。さらに民間金融機関約30銀行も参加予定
です。

　日本における一般利用型CBDC発行に向けた課題として、第一に利用
端末やアプリの開発、第二にオフライン決済機能、第三にセキュリティ
対策、第四に信用創造機能への配慮等が考えられます（表8-10）。

　第一の利用端末やアプリの開発については、現金同様の利用ができる
ためには、様々な利用者が容易に利用できる端末やアプリの開発が求め
られるでしょう。また既に民間で利用されているQRコード決済や電子
マネーとの相互運用性も、幅広い流通のためには求められるでしょう。
先行するカンボジアのバコンにおいても、直接のバコンシステムのアプ
リの利用は広がらず、既に流通していた民間の決済システムアプリから
の利用を行うことで、利用が浸透していったことが報告されています。
第二のオフライン決済機能については、大地震などの災害発生時に、現
金の代替として、オフラインで利用できる機能が望まれます。第三のセ

〔表8-10〕日本における一般利用型CBDC発行に向けた課題（筆者作成）

課題	説明
利用端末やアプリの開発	様々な利用者が容易に利用できる端末やアプリの開発が求められる。民間で利用されているQRコード決済や電子マネーとの相互運用性も、幅広い流通のために求められる
オフライン決済機能	地震などの災害発生時に、現金の代替として、オフラインで利用できる機能が望まれる
セキュリティ対策	ハッキングや成りすましによる不正送金などのリスクへの対策を検討していく必要がある
信用創造機能への配慮	銀行預金からCBDCへの過度の資金シフトが起きないように、CBDCの一人当たりの保有金額に制限を設けるなどの制度設計が必要になる

8章　ブロックチェーンの活用とWeb3

キュリティ対策についても、ハッキングや成りすましによる不正送金などのリスクへの対策を検討していく必要があります。第四の信用創造機能への配慮については、銀行預金からCBDCへの過度の資金シフトが起きないように、CBDCの一人当たりの保有金額に制限を設けるなどの制度設計が必要になると考えられます。

8.5 DAO

　DAO（Decentralized Autonomous Organization 分散型自律組織または自律分散型組織）は、株式会社などの一般的な組織とは異なり、組織の管理者が存在せず、ブロックチェーンを利用して、組織の参加者全員が平等な立場で運営する組織のことを言います。

　DAOの特徴としては、第一に組織の管理者が存在しないこと、第二に、参加者の投票による意思決定で組織運営がされること、第三に誰でもインターネット環境さえあれば組織に参加できることです。組織運営に関しては、当該DAOが発行するガバナンストークン（暗号資産の一種）の持ち分に応じた投票が典型的な方法です（表8-11）。

　一方で課題もあります。第一に組織の意思決定に時間がかかること、第二に外部からのハッキングのリスクがあること、第三に法的な位置づけが曖昧であることがあります。

〔表8-11〕DAOと通常組織の相違点
（イーサリアム財団、Coincheckを元に筆者作成）

項目	DAO	従来の組織
組織構造	フラットで完全に民主化されている組織	一般的には中央集権的な階層構造
運営方針の決定方法	DAOメンバーのガバナンストークンの持ち分に応じた投票による	決定権を持つ個人およびグループによる判断（組織構造によって異なる）
投票結果の開示・反映方法	投票は仲介者なしに集計され、投票結果による施策は自動的に実行される	投票が許されている場合、投票は内部関係者によって集計され、結果による施策は人為的に実行される
サービスの提供方法	提供されるサービスは、分散型の手法で自動的に処理される（例：慈善基金の分配）	サービスの提供に当たり、人の介入や中央集権的なシステムが必要になり、人為的になりやすい
情報の公開	全ての活動履歴は公開されており、情報の透明性がある	通常の場合、活動履歴は秘匿され、公開されたとしても一部の情報のみ

暗号資産の多くは DAO と言えます。例えばビットコインは特定のリーダーはいませんが、世界中のマイナーによるマイニング活動により、ブロックチェーンネットワークの維持管理がされています。

その他の DAO の代表的な事例として、暗号資産のレンディングプラットフォームの Compound を運営する DAO「Compound Grants」があります。利用者は、利用実績に応じて「COMP」というガバナンストークンの付与を受け、「Compound Grants」の運営に参加することができます。Compound は、2018 年に設立された暗号資産の貸し借りのマッチングができる仕組みで、貸し手の利用者は暗号資産を預けることで、借り手がついた場合に金利収入を得ることができます。借り手は、手持ちの暗号資産を担保にして、別の暗号資産を借りることができます。Compound は中央の管理者が不在で、あらかじめプログラムで設定された条件によって取引が成立するスマートコントラクトで取引が行われている点が特色です。このように管理者がおらず、スマートコントラクトで取引が行われる金融関連プラットフォームを、DeFi（分散型金融）と言います。DeFi である Compound の運営を、DAO である「Compound Grants」が行っているのです。

8.6 NFT

　NFT（Non Fungible Token：非代替性トークン）とは、ブロックチェーン技術を用いて唯一無二性を持たせたデジタルアセットのことです。暗号資産に代表される代替可能なトークンである FT（Fungible Token）の対義語です。暗号資産の価値は、同額の暗号資産であれば同じ価値がありますが、一方 NFT は、1 件 1 件が異なったもののトークンであり、価値も異なってきます。

　デジタル資産でなく、リアルなもので考えてみます。仮にお金を貸した場合、同額を返してもらうことで、貸し借りはなくなります。しかし有名人のサインのある色紙を貸した場合は、違う色紙を返してもらっても、返してもらったことにはなりません。有名人のサインのある色紙には、唯一無二性があるのです。このような唯一無二性をデジタル資産に具備させることがブロックチェーン技術で実現されたことで、NFT が登場したのです。

　NFT の基本構造は、図 8-4 の通り、コンテンツデータ、メタデータ、インデックスデータからなります。コンテンツデータは、JPEG 画像や MP3 音源など、NFT 化の対象となるコンテンツデータです。メタデータは、コンテンツには表示されない名前や概要、パラメータなど NFT の特徴や性質を示したデータです。インデックスデータは、NFT の所有者と識別 ID を保有したデータでブロックチェーン上にあります。コンテンツデータはメタデータに内包され、メタデータはインデックスデータに内包されているという入れ子構造になっています。

　NFT の特徴に関して、森川氏は、第一に識別可能性、第二に自己主

- 205 -

権性、第三に相互運用性、第四にプログラマビリティとしています（表8-12）。

　第一の識別可能性とは、オリジナルとそれ以外を識別でできるという特徴です。無限にコピーが可能なデジタル空間において、NFTによってデータ1件1件の識別が可能になり、発行数量や発行者の情報を元に希少性を持たせることができます。

　第二の自己主権性は、所有者個人が自分の意志で対象データをコントロールできるという特徴です。その対極にある典型例が、電子書籍のようなデジタル資産です。電子書籍では、サービス提供企業がデータを所有しているため、アカウントの削除により、データを取り戻せなくなります。NFTの場合、所有者が秘密鍵を所有しており、NFTのインデックスデータには所有者しかアクセスできない点で、自己主権性が高まっています。

　第三の相互運用性は、サービスを横断して利用できるという特徴です。

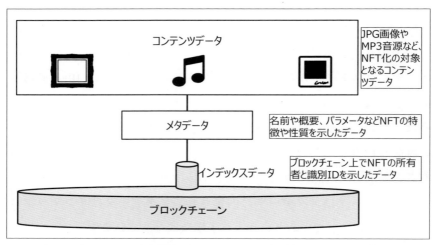

〔図8-4〕NFTの基本構造（森川夢佑斗（2024）を元に筆者作成）

NFTは、ブロックチェーンを共通基盤としていることから、データの仕様がある程度共通化されており、複数のサービスをまたいで利用することが容易です。例えばある企業が発行したNFTアバターを別の企業のメタバース空間で利用することが可能となります。

第四のプログラマビリティとは、さまざまな処理を自動化できるという性質です。これは、ブロックチェーン上のスマートコントラクトによって実現されます。スマートコントラクトとは、事前に決められた条件を満たすと処理が自動的に実行される仕組みです。一定の条件を満たした場合に自動的に決済を行うことや、事前に設定したルールに沿って収益分配することなどが可能となります。

NFTの課題としては、第一に法整備が不十分であること、第二にコ

〔表8-12〕NFTの4つの特徴（森川夢佑斗（2024）を元に筆者作成）

特徴	説明
識別可能性	・ブロックチェーン上でオリジナルとそれ以外を識別できる ・発行数量や発行者などの情報から価値を判断できる
自己主権性	・所有者の秘密鍵に最終的な処分権が紐づく ・事業者でも勝手にNFTを操作することができない
相互運用性	・ブロックチェーン上にある他のサービス上でも利用可能となる
プログラマビリティ	・スマートコントラクトにより、自動決済や収益分配といった機能を組み込める

〔表8-13〕NFTの課題（筆者作成）

課題	説明
法整備が不十分	・NFTは民法上の物件としては認められていないため、所有権の対象となっていない ・コンテンツの著作権は作者が保有しているため、NFTを所有していても著作権を侵害するようなことはできない ・NFTの設計次第で有価証券的な要素や決済手段の側面が生じると、金融関連法制の制約を受ける可能性がある
コンテンツのコピーは可能	・コピーが拡散することで所有していることの希少性が減じる可能性がある ・コピーした人がコピーをNFT化して販売する可能性もあり得る

ンテンツのコピーは可能であることがあります（表8-13）。

　第一の法整備が不十分であることには、いくつかの論点があります。そもそもNFTは民法上の物件としては認められていないため、所有権の対象となっていない点があります。またコンテンツの著作権は作者が保有しているため、NFTを所有していても著作権を侵害するようなことはできないという点があります。またNFTの設計次第で有価証券的な要素や決済手段の側面が生じると、金融関連法制の制約を受ける可能性があります。

　第二のコンテンツのコピーは可能である点は、コピーが拡散することで所有していることの希少性が減じる可能性があります。コピーした人が、コピーをNFT化して販売する可能性もあり得るでしょう。

　NFTの具体的な事例を3つほど紹介します（表8-14）。

　第一の事例は、UniCaskです。UniCaskは、ウィスキー樽を小口に分割して、その樽で熟成されるウィスキーの小口所有を可能としています。それに加えゲームへの参加などの権利も獲得できます。

　第二の事例は、アパレルのGUCCIです。創設100周年を祝ったコレクションからインスピレーションを受けて制作されたデジタル映像作品のNFTを販売しました。アパレルでのブランド価値をNFT販売にもつなげた事例です。

〔表8-14〕NFTの事例

事例	説明
UniCask	ウィスキー樽を小口に分割して、その樽で熟成されるウィスキーの小口所有を可能とする
GUCCI	創設100周年を祝ったコレクションからインスピレーションを受けて制作されたデジタル映像作品のNFTを販売
NOT A HOTEL	運営している日本全国の別荘に、毎年1日単位で利用できる宿泊権やイベント参加特典を合わせた会員権をNFTとして販売

第三の事例は、NOT A HOTEL です。運営している日本全国の別荘に、毎年 1 日単位で利用できる宿泊権やイベント参加特典を合わせた会員権を NFT として販売していました。毎年決められた日に、全国の宿泊施設のどこかに宿泊することができ、年間あたりの利用日数は 1 泊から 3 泊を選ぶことができ、47 年間利用することができるメンバーシップの権利が与えられます。価格は利用日数 1 泊の場合は、185 万円とのことです[6]。

---

[6] 既に販売は終了しています (2024 年 8 月現在)。

参考文献

- peryaudo『ビットコインの仕組み』
  http://bitcoin.peryaudo.org/index.html
- 日経 FinTech（2023）「金融 DX 戦略レポート 2023-2027」
- 日経 FinTech（2024）「金融 DX 戦略レポート 2024-2028」
- 杉井康典（2017）「いちばんやさしいブロックチェーンの教本」インプレス
- 野口悠紀雄（2018）「入門ビットコインとブロックチェーン」
- 日本銀行（2020）「中央銀行デジタル通貨に関する日本銀行の取り組み方針」
- 日本銀行（2023）「中央銀行デジタル通貨に関する日本銀行の取り組み」
- CBDC　Tracker
  https://cbdctracker.hrf.org/
- 宮沢和正（2020）「カンボジア国立銀行デジタル通貨「バコン」とブロックチェーンの最前線」『システム監査』Vol.33.No.1
- 宮沢和正（2024）「アジア・太平洋地域における中央銀行デジタル通貨の展開」『経済セミナー』No.736、2024 年 2－3 月号
- イーサリアム財団
  https://ethereum.org/en/dao/
- Trade Log 「DAO（分散型自律組織）とは？ Web3.0 時代の新しい組織のあり方」
  https://trade-log.io/column/2163

– 210 –

・Coincheck「DAO（分散型自律組織）とは？図解で初心者にもわかりやすく解説！」

https://coincheck.com/ja/article/513

・天羽健介、増田雅史「NFTの教科書」朝日新聞出版

・森川夢祐斗（2024）「金融DX戦略レポート 2024-2028，6-3-3NFT」

・NOT A HOTEL

https://notahotel.com/nft

8章　ブロックチェーンの活用とWeb3

コラム：FinTechから金融DXへ

　2015年頃から2020年頃まで、FinTech（フィンテック）という言葉で金融業界が盛り上がりました。

　FinTechは金融（Finance）と技術（Technology）を組み合わせた造語で、金融関連でデジタル技術を活用した新サービスや、金融界全体のイノベーションを広く指す言葉です。2015年には、金融専門誌やIT専門誌でも特集されました。金融の専門誌である「週刊金融財政事情」は、2015年2月2日号で特集「フィンテックを取り込め」を掲載しました。またITの専門誌である「日経コンピュータ」は、2015年8月6日号で「FinTech 金融を変えるのは銀行ではない」を特集しました。

　金融庁の公式文書に関しては、FinTechを最初に採り上げた方針文書は、2015年9月18日に公表した「平成27事務年度金融行政方針」では、FinTechを以下のように記述しています。

　「FinTechと呼ばれる金融・IT融合の動きは、従来見られなかったような多様な金融サービスの提供等で顧客利便の向上をもたらすとともに、将来の金融業・市場の姿を大きく変えていく可能性。」

　しかしながら、2020年頃からはFinTechという用語は必ずしも流布しなくなりました。その転機は、経済産業省の2018年9月の「DXレポート～ITシステム「2025年の崖」克服とDXの本格的な展開～」です。このレポートによって、DX（デジタルトランスフォーメーション）という言葉が、注目を集めました。金融においても、DXが求められるということで、金融DXという言葉が、FinTechを包含する形で使われるようになったのです。

　FinTechでは、スタートアップ企業を中心にした既存金融機関のサービスの隙間を埋めるようなサービスが中心であったのに対し、金融DX

－ 212 －

は、異業種事業者を含めた金融サービスにおけるデジタルトランスフォーメーションであると考えます。FinTech が、金融界に閉じたニュアンスであるのに対し、金融 DX は、金融以外の事業者を含めたトランスフォーメーションというニュアンスがあり、主たるサービスや担い手企業も変わってきていると考えます。そこで筆者なりに、FinTech と金融 DX の違いを纏めてみました（下の表参照）。

〔表〕FinTech から金融 DX への発展（筆者作成）

	FinTech	金融 DX
使われた時期	2015 年〜	2020 年頃〜
ニュアンス	金融（Finance）と技術（Technology）の組み合わせによる金融界のイノベーション	金融以外の事業者を含めた金融サービスに関するデジタルトランスフォーメーション
説明	FinTech 系スタートアップ企業による既存金融機関のサービスの隙間を埋めるような新サービスが中心	異業種も含めた金融に係るビジネスやユーザーエクスペリエンス（顧客体験）の創造
代表的なサービス例	クラウド会計、個人財務管理、ロボアドバイザー、オンラインレンディング	組込み型金融（Embedded Finance）、QR コード決済、デジタル通貨、セキュリティ・トークン
代表的な担い手企業	マネーフォワード、freee、ウェルスナビ	住信 SBI ネット銀行、PayPay、Progmat、BOOSTRY

9章
情報セキュリティ

9.1 脅威の高まり

　昨今、世の中のデジタル化の中で、情報セキュリティに関する脅威が高まっています。特にサイバー攻撃は、組織的色彩が強くなり、ランサムウエア攻撃も多発しています。

　2022年に金融庁は、「金融分野におけるサイバーセキュリティ強化に向けた取組方針」を改訂しました[1]。そこではサイバー空間の変化として、国家の関与が疑われるサイバー攻撃や、国際的なハッカー集団によるランサムウエア攻撃が多発していること、金融サービスの多様化とキャッシュレス決済などの連携サービスの進展、クラウドサービスなどの外部委託の拡大、サプライチェーンの複雑化、サイバー空間のグローバル化などが挙げられています。

　このような状況に対し、金融庁の「金融分野におけるサイバーセキュリティ強化に向けた取組方針（Ver. 3.0）」では、5つの取組方針を打ち出しています。第一にモニタリング・演習の高度化、第二に新たなリスクへの備え、第三にサイバーセキュリティ確保に向けた組織全体での取り組み、第四に関係機関との連携強化、第五に経済安全保障上の対応です（表9-1）。

　第一のモニタリング・演習の高度化では、金融機関の規模・特性やサイバーセキュリティリスクに応じて、検査・モニタリングを実施し、サイバーセキュリティ管理態勢を検証し、共通の課題や好事例については業界団体を通じて還元するとしています。3メガバンクについては、海

---

[1]「金融分野におけるサイバーセキュリティ強化に向けた取組方針」は、2015年7月にVer.1.0が策定され、2018年10月にVer.2.0、2022年2月にVer.3.0がそれぞれアップデートされました。

🏛 9章　情報セキュリティ

〔表 9-1〕金融分野におけるサイバーセキュリティ強化に向けた取組方針
（金融庁 2022 を元に筆者作成）

方針項目	ポイント
1．モニタリング・演習の高度化	サイバーセキュリティ管理態勢の検証、好事例の還元 サイバーセキュリティセルフアセスメント（CSSA）の実施 サイバー演習（Delta Wall）の高度化
2．新たなリスクへの備え	キャッシュレス決済サービス、クラウドサービスに着目 サイバーハイジーンの徹底
3．サイバーセキュリティ確保に向けた組織全体での取組み	経営層の積極的な関与による組織全体でのサイバーセキュリティの実効性向上、セキュリティ人材の育成
4．関係機関との連携強化	NISC、警察庁、公安調査庁、金融 ISAC、海外当局との連携強化
5．経済安全保障上の対応	政府全体の取組みの中で、機器・システムの利用や業務委託等を通じたリスクへの対応

外大手金融機関における先進事例を参考にしたサイバーセキュリティの高度化に着目しつつ、モニタリングを実施するとしています。地域金融機関については、サイバーセキュリティに関する自己評価ツールを整備し、各金融機関の自己評価結果を収集、分析、還元し、自律的なサイバーセキュリティの高度化を促すとしています。具体的には、金融庁と日本銀行との共同で、2022 年にサイバーセキュリティセルフアセスメント（CSSA）を、地域金融機関と新形態銀行[2]に対して実施を求め、集計結果を公表しました。2023 年にも同様のサイバーセキュリティセルフアセスメントを行い、地域金融機関、新形態銀行に加え、証券会社、保険会社、信託銀行に対しても行いました。

　第二の新たなリスクへの備えに関しては、キャッシュレス決済やクラ

---

[2] 新形態銀行とは、2000 年以降に開業したインターネット専業銀行や商業施設との連携を主体にする銀行などの新たな形態の銀行のことです。金融庁の免許・許可・登録等を受けている業者一覧によると 2024 年 7 月現在、以下の 17 金融機関が該当します。あおぞら銀行、イオン銀行、SBJ 銀行、au じぶん銀行、GMO あおぞらネット銀行、PayPay 銀行、SBI 新生銀行、住信 SBI ネット銀行、整理回収機構、セブン銀行、ソニー銀行、大和ネクスト銀行、みんなの銀行、楽天銀行、ローソン銀行、ゆうちょ銀行、UI 銀行。

ウドサービスに着目しています。キャッシュレス決済サービスについては、2020 年に発生したドコモ口座の不備による不正送金事案[3] を背景に、リスクに見合った堅牢な認証方式の導入を促すとしています。これは、いわゆるセキュリティ・バイ・デザインの実践を示唆するものです。クラウドサービスについては、利用実態や安全対策の把握を進めるとともに、クラウドサービス事業者との対話も実施するとしています。またIT 資産の管理や、速やかなセキュリティパッチの適用などのように、基本的な行動を組織全体に浸透させる取り組み（いわゆるサイバーハイジーン）を促していくとしています。なおサイバーハイジーンのハイジーンとは「衛生」の意味で、サイバーハイジーンは、IT 環境がウィルスに汚染されないための予防としての衛生管理を意味します。

　第三のサイバーセキュリティ確保に向けた組織全体での取組みでは、経営層の積極的な関与の下、組織全体でサイバーセキュリティの実効性の向上を促し、セキュリティ人材の育成を図るとしています。

　第四の関係機関との連携強化では、関係機関として、NISC、警察庁、公安調査庁、金融 ISAC、海外当局などを挙げて、連携強化を図るとしています。

　第五の経済安全保障上の対応については、政府全体の取組みの中で、機器・システムの利用や業務委託等を通じたリスクについて適切に対応を行うとしています。

　金融庁は、2024 年に、「金融分野におけるサイバーセキュリティに関するガイドライン」を発出しました。この文書は、サイバーセキュリティ

---

[3] 預金口座名義人のあずかり知らないところで、預金口座と同一名義のドコモ口座が作成され、さらに不正入手した預金口座番号と暗証番号を用いて、預金口座からドコモ口座へ資金移動を行ったものです。ドコモ口座作成時の本人確認に脆弱性があったことと預金口座からの資金移動が暗証番号だけでできる金融機関があったことの 2 点が原因と考えられます。

9章　情報セキュリティ

に関する基本的考え方、サイバーセキュリティ管理態勢、金融庁と関係機関の連携強化について、具体的に対応すべき事項を列挙しており、金融機関の標準的なガイドラインとなる文書で、9.7節で説明します。

　なお、本書では、いわゆるサイバーセキュリティの脅威だけでなく、不正送金すなわちインターネットバンキングの不正利用、クレジットカードの不正利用、内部不正による情報漏洩の脅威も大きいと考えています。次節からは、それぞれについて説明していきます。

9.2 不正送金

　インターネットバンキングからの不正送金については、図9-1のような推移を示しています。2013年下半期から2015年にかけて増加しましたが、2016年以降は、モニタリング強化やワンタイムパスワード導入などの対策により一旦減少しました。2019年下半期にフィッシングによる被害が急増しました。その後、一旦減少しますが、2023年に大きく不正件数、被害額とも大きく増加しています。2023年の不正送金被害者の98％は個人であり、40代から60代の被害者が約6割となっています。2023年の不正送金の急増は、フィッシング詐欺によるものが大きいと考えられます。また不正送金被害額の半額以上が、暗号資産交換業者の金融機関口座に送金されている状況です。

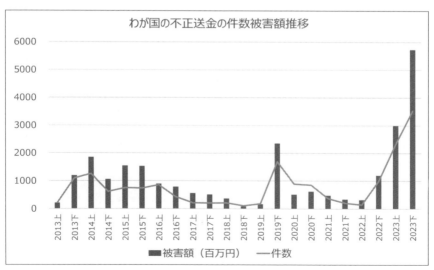

〔図9-1〕わが国の不正送金の件数被害額推移（警察庁資料を元に筆者作成）

9章　情報セキュリティ

9.3　内部不正

　内部者の不正による情報の持出しも情報セキュリティを脅かすものとして、対応が必要となります。内部不正は人的なものですので、「機会」、「動機」、「正当化」の３要素（いわゆるクレッシーの不正のトライアングル）の誘因を下げる必要があります（表9-2）。

　「機会」の誘因を下げるには、情報システムでの対応が有効です。具体的には、アクセス制御、ログ取得・検知などです。アクセス制御については、顧客情報や経営機密情報のアクセス権を、業務上必要な社員（役職員）のみに制限します。また退職者や権限が不要になった人のアクセス権を速やかに外すことも必要です。ただこれだけでは、権限がある職員の情報の持出しは防ぐことができません。そこで、持出しに関するログの取得が必要になります。持出しの際に利用される可能性があるUSBメモリーなどの外部媒体やクラウドストレージなどへのデータ保存のログ取得を行います。外部媒体やクラウドストレージへのデータ保存時は、検知ができるような仕組みを持つことも必要でしょう。これら対応を

〔表9-2〕「機会」、「動機」、「正当化」の３要素の誘因を下げる方法（筆者作成）

誘因	誘因を下げる方法
機会	情報システムでの対応 ・アクセス制御…顧客情報や経営機密情報のアクセス権を、業務上必要な社員（役職員）のみに制限、退職者や権限が不要になった人のアクセス権を速やかに外す ・持出しに関するログ取得…USBメモリーなどの外部媒体やクラウドストレージなどへのデータ保存のログ取得 ・検知…外部媒体やクラウドストレージへのデータ保存時は、検知ができるような仕組みの構築と社員への周知
動機	適正な労働環境、コミュニケーションの取れる職場環境
正当化	役職員の教育と発生時の処罰実施、当該組織の役職員以外に、システム関連企業やソフトウェア開発企業の役職員も含めて実施

- 222 -

行っていることを社員に周知することで、不正を実行する可能性のある社員への牽制を図り、万一の際には証跡が確認できるようにします。

　「動機」の誘因を下げるのには、適正な労働環境、コミュニケーションの取れる職場環境が重要です。「正当化」の誘因を下げるのには、役職員の教育と発生時の処罰実施が有効となります。情報システムにおいては、当該組織の役職員以外に、システム関連企業やソフトウェア開発企業の役職員も開発や運用に携わりますので、彼らも含めて動機や正当化の誘因を下げる点も考慮が必要です。

9.4 サイバー攻撃

　最近のサイバー攻撃は、大規模化、高度化、複雑化しています。国家等が関与・支援する高度な集団によるサイバー攻撃も行われています。組織向けのサイバー攻撃の代表的なものは、ランサムウエアと標的型攻撃です。ランサムウエアでは、コンピュータを使えなくすることから、サービスの提供ができなくなるなど、大きな影響があります。さらに、身代金の支払いに応じないとデータを公開するという二重恐喝の事例が報告されています。また標的型攻撃では、メール等でウィルスソフトに感染させ、組織の内部で侵入範囲を広げて、最終的に組織の機密情報の窃取やシステムの破壊を行う事例が報告されています。

　このようなサイバー攻撃は、インターネットへの接続や、クラウドサービスへの接続が行われている状況では、従来のファイアーウォールでの境界型防御だけでは、防ぐことはできません。過去の事例として、VPN機器の脆弱性を修復しないで利用し続けたために、サイバー攻撃を受けた事例がインフラ分野で発生しています。金融業でもテレワークなどの普及により、VPN や Remote Desktop Protocol（RDP）での接続も行われることがあり、認証の厳格化などの対策が必要と考えられます。システム内での異常なふるまいの検知や、情報の出口での防御までの多層防御が必要になります。

　対策として、第一にセキュリティ組織の設置、第二にサイバーセキュリティ人材の育成、第三に公的機関との連携、第四に業界内での金融機関同士の情報共有が考えられます（表9-3）。

　第一のセキュリティ組織としては、SOC（Security Operation Center）

〔表 9-3〕サイバー攻撃への対策（筆者作成）

対策	説明
セキュリティ組織	SOC…常にシステムの状態を監視し、サイバー攻撃の検知や分析を行う組織 CSIRT…不審な動きが検知された場合やセキュリティインシデントが発生した場合に、対応を行う組織。24 時間 365 日の監視が望ましいため、外部サービスへの委託も選択肢となる
金融機関内でのサイバーセキュリティ人材の育成	セキュリティ組織の運営、特に CSIRT の設置に当たっては、内部の人材が適切な対処を行うため、育成が必要
公的機関との連携	金融庁主催の演習 Delta Wall 等への参加 サイバーセキュリティセルフアセスメント（CSSA）の実施
業界内での金融機関同士の情報共有	金融 ISAC への加盟、ワーキンググループ活動、共同サイバー演習、ワークショップ、年 1 回の社員総会（アニュアルカンファレンス）などへの参加 地方銀行の勘定系システムの共同化グループでの共助に参加

と CSIRT（Computer Security Incident Response Team）があります。SOC は、常にシステムの状態を監視し、サイバー攻撃の検知や分析を行う組織です。一方 CSIRT は、不審な動きが検知された場合やセキュリティインシデントが発生した場合に、対応を行う組織です。SOC については、24 時間 365 日の監視が望ましいため、外部のサービスに委託する選択肢も考えられます。

第二に、金融機関内でのサイバーセキュリティ人材の育成があります。セキュリティ組織の運営、特に CSIRT の設置に当たっては、内部の人材が適切な対処を行うことが必要になります。そのために、サイバーセキュリティ人材を育成する必要があります。

第三に、公的機関との連携です。例えば金融庁主催の演習 Delta Wall が、毎年行われています。160 ～ 165 の金融機関が参加しています。9.1 で説明したサイバーセキュリティセルフアセスメント（CSSA）の実施も公的機関との連携と言えるでしょう。

第四に、業界内での金融機関同士の情報共有です。そのための組織として、2014 年に設立された金融 ISAC という組織があります。金融 ISAC

の ISAC は、「Information Sharing and Analysis Center」の略で、400 以上の金融機関が正会員として加盟しています。ポータルサイトを通じた「攻撃元」「手口」「目的」「対策と結果」の情報共有、13 のワーキンググループ活動、共同サイバー演習、レポート配信、ワークショップ、年 1 回の社員総会（アニュアルカンファレンス）を行っています。

　地域金融機関では、勘定系システムを共同化して運用している金融機関が大勢を占めていますが、その共同化金融機関のグループで、情報共有を行っているケースもあります。例えば、京都銀行など 13 銀行が参画する地銀共同センター[4]と横浜銀行など 6 銀行が参画する MEJAR[5] が共同で、2023 年 3 月から CMS-CSIRT[6] という共助組織を運営しています。CMS-CSIRT では、各銀行の担当者が集まるミーティングの定期開催、対策やインシデントの情報共有、合同でのサイバー演習の実施などを行っています。

---

[4] 地銀共同センターの参加銀行は、青森銀行、岩手銀行、秋田銀行、千葉興業銀行、愛知銀行、福井銀行、京都銀行、池田泉州銀行、鳥取銀行、山陰合同銀行、四国銀行、西日本シティ銀行、大分銀行です。
[5] MEJAR の参加銀行は、北海道銀行、七十七銀行、東日本銀行、横浜銀行、北陸銀行、広島銀行です。
[6] CMS は、地銀共同センター・MEJAR・システム・ワーキンググループの略称です。

9.5　多要素認証

　金融取引において、ユーザー ID とパスワードだけでの認証では、不正アクセスを防ぐには不十分であり、複数の認証を組み合わせることが用いられるようになっています。

　認証に関しては、利用される情報の種類から 3 種類のものがあります。第一に記憶認証、第二に所有物認証、第三に生体認証です（表 9-4）。

　第一の記憶認証の代表的なものが、パスワードです。また「出身の小学校は？」などといった他人があまり知らないような秘密の質問を登録しておくのも記憶認証です。

　第二の所有物認証では、スマートフォンやワンタイムパスワード生成機（セキュリティ・トークンまたは、トークン）の利用があります。スマートフォンの場合、SMS（Short Message Service）送信で認証コードを送り、その認証コードを入力することで、本人確認が行われます。スマートフォン利用に限定したデジタルバンクでは、登録したスマートフォン以外では取引ができないようにしていることもあります[7]。ワンタイムパスワー

〔表 9-4〕認証（筆者作成）

認証の種類	説明
記憶認証	パスワード、秘密の質問の登録
所有物認証	スマートフォン…SMS 送信で認証コードを送り、その認証コードを入力 ワンタイムパスワード生成機（セキュリティ・トークン）…表示されるパスワードを認証時に入力
生体認証	本人の身体的特徴（指紋、虹彩、静脈等）で認証を行う

---

[7] みんなの銀行の HP 記載「みんなの銀行で振込、出金などの取引ができるのは登録したスマートフォン 1 台だけ。口座開設後は、登録した端末以外からのご利用はできません。」
https://www.minna-no-ginko.com/security/

9章　情報セキュリティ

ド生成機の場合、表示されるパスワードを認証時に入力することで、本人の取引指示であることを確認します。

第三の生体認証は、本人の身体的特徴で認証をするもので、指紋、虹彩、静脈などが利用されます。

多要素認証では、これらの認証形態の2種類を組み合わせることで、認証の強度を高めています。なお、同じ認証形態を2回繰り返すのが、多段階認証です。例えばパスワードに加えて秘密の質問を聞くような認証形態ですが、多要素認証よりは、強度は下がる認証方法となります。金融取引、特に支払い取引や振り込み取引では、多段階認証ではなく、多要素認証が求められると言えるでしょう。

さらに、最近ではパスワードや生体情報などを認証サーバへ送る際に窃取されるリスクを低減するため、利用者の手元に認証器をおく、FIDO（Fast Identity Online）認証があります。FIDO認証では、ワンタイムパスワードを窃取するようなサイバー攻撃にも有効です。

9.6 セキュリティ・バイ・デザイン

　様々な情報セキュリティ上の脅威に対応するため、出来上がったシステムに追加で機能を付け加えるのは、システムの複雑化を招き、ユーザーの利便性を損なうことやシステムの保守性に問題が生じることがあります。そこで、システム設計などの開発の初期段階で、セキュリティ要件を組み込んでおくという考え方がセキュリティ・バイ・デザインの考え方です。セキュア・バイ・デザインということもあります。

　セキュリティ・バイ・デザインの実施に際しては、3段階で実施することが推奨されています。第一に脅威分析、第二にセキュリティ要件、第三にセキュリティアーキテクチャです（表9-5）。

　第一の脅威分析では、当該システムへの想定される脅威や想定されるサイバー攻撃を明らかにします。金融ITシステムでは、機密情報の外部流出や不正アクセスによる金銭詐取などが考えられます。また脅威の発生ルートとして、内部不正やサイバー攻撃などが考えられます。これらの想定を整理します。

　第二のセキュリティ要件では、システム設計での機能要件の検討の中

〔表9-5〕セキュリティ・バイ・デザインの3段階での実施
（情報処理推進機構2022を元に筆者作成）

段階	内容
第一段階：脅威分析	当該システムへの想定される脅威や想定されるサイバー攻撃を明らかにして、整理する
第二段階：セキュリティ要件	機能要件検討の中で、アクセス制御、データセキュリティ、職務分担、稼働時間などのセキュリティ要件を具体化
第三段階：セキュリティアーキテクチャ	システムのプラットフォームやバージョン管理に際して、脅威に強い仕組みを構築。広く普及した信頼性の高い仕組みの活用を推奨

9章　情報セキュリティ

で、アクセス制御、データセキュリティ、職務分担、稼働時間などのセキュリティ要件を具体化していきます。

第三のセキュリティアーキテクチャでは、システムのプラットフォームやバージョン管理に際して、脅威に強い仕組みを構築することが求められます。広く普及した信頼性の高い仕組みの活用が推奨されます。

なお、セキュリティ・バイ・デザインに似たような考え方に、セキュリティ・バイ・デフォルト（セキュア・バイ・デフォルト）というものもあり、こちらはパッケージソフトや機器で、セキュリティを考慮した設定が行われていることを言います。例えば、初期設定パスワードとして共通パスワードにしないことなどがあります。

9.7 金融分野におけるサイバーセキュリティに関するガイドライン

　金融庁が2024年10月4日に公表した「金融分野におけるサイバーセキュリティに関するガイドライン」は、サイバーセキュリティ強化の流れの中で、幅広い金融事業者に向けて、対応事項を網羅的に示すことで、サイバーセキュリティ態勢の底上げを図るものと言えます。対応事項が多いこともあり、詳細項目ごとに、「基本的な対応事項」と「対応が望ましい事項」に分かれており、中小金融事業者への配慮が感じられます。ガイドラインなので、強制力はないものの、金融庁の検査やモニタリングの中で取組みについて、説明することが求められます。金融事業者が、自社の状況に合わせて、項目の優先順位や対応時期を判断し、具体的な対応計画を策定することが、強く推奨されていくと考えます。ここでは、ポイントとなる事項について、説明していきます。

　第1節に基本的考え方、第2節にサイバーセキュリティ管理態勢、第3節に金融庁と関係機関の連携強化が書かれています。

　第1節の基本的考え方では、1.1にサイバーセキュリティに係る基本的考え方、1.2に金融機関等に求められる取組み、1.3に業界団体や中央機関等の役割、1.4に本ガイドラインの適用対象等が記述されています（表9-6）。

　1.1のサイバーセキュリティに係る基本的考え方で、個別金融機関等のサイバーセキュリティ管理態勢を、リスクベース・アプローチで検査・モニタリングしていくとしています。一方で、各金融機関は、自らが直面するリスクを評価し、重要性、緊急性に応じて優先順位をつけた上、

- 231 -

9章　情報セキュリティ

〔表9-6〕金融分野におけるサイバーセキュリティに関する
ガイドライン第1節基本的考え方のポイント（筆者作成）

項番	ポイント
1.1 サイバーセキュリティに係る基本的考え方	各金融機関は、自らが直面するリスクを評価し、重要性、緊急性に応じて優先順位をつけた上、リソース制約を踏まえ、その低減措置に取り組むべき
1.2 金融機関等に求められる取組み	経営陣の主体的関与とリーダーシップが不可欠であり、リソースの適切な配分により、組織全体での態勢構築と運営が必要
1.3 業界団体や中央機関等の役割	金融ISACのような共助機関や、共同センターを運営する中央機関や業態センターを活用した共助が望ましい
1.4 本ガイドラインの適用対象等	銀行、証券、保険等の金融に関係するあらゆる組織を対象としている

リソース制約を踏まえ、その低減措置に取り組むべきであるとしています。ガイドラインの対応項目の優先順位付けは、各金融機関が自主的に決めるべきとしているのです。

1.2の金融機関に求められる取組みでは、変化し続ける脅威へ対応するため、対応態勢の不断の見直しが必要であるとしています。そのために、経営陣の主体的関与とリーダーシップが不可欠であり、リソースの適切な配分により、組織全体での態勢構築と運営が必要であるとしています。

1.3の業界団体や中央機関等の役割では、金融ISACのような共助機関や、共同センターを運営する中央機関や業態センターを活用した共助が望ましいとしています。

1.4の本ガイドラインの適用対象等では、銀行、中小地域金融機関、保険会社、金融商品取引業者（証券会社）、貸金業者、前払式支払手段発行者、暗号資産交換業者、銀行代理業、金融サービス仲介業者など、金融に関係するあらゆる組織を対象としていることが述べられています。

第2節サイバーセキュリティ管理態勢では、2.1サイバーセキュリティ管理態勢の構築、2.2サイバーセキュリティリスクの特定、2.3サイバー

攻撃の防御、2.4 サイバー攻撃の検知、2.5 サイバーインシデント対応及び復旧、2.6 サードパーティリスク管理となっていて、それぞれの詳細項目ごとに、「基本的な対応事項」と「対応が望ましい事項」が列挙されています。本書では、「基本的な対応事項」のさらにポイントのみを説明していきます（表9-7）。

2.1 サイバーセキュリティ管理態勢の構築は、2.1.1. 基本方針、規定類の策定等、2.1.2. 規程等及び業務プロセスの整備、2.1.3. 経営資源の確保、人材の育成、2.1.4. リスク管理部門による牽制、2.1.5 内部監査からなります。

2.1.1. 基本方針、規定類の策定等では、経営陣のコミットメントが強調されています。そして、サイバーセキュリティ管理の基本方針策定、複数年での取組計画、管理態勢の年1回のレビュー、リソース配分、人員配置、セキュリティ・バイ・デザインなどが求められています。

2.1.2. 規程等及び業務プロセスの整備では、経営陣にサイバーセキュリティに係る規程、業務プロセスの整備と1年1回以上の見直しを求めています。

2.1.3. 経営資源の確保、人材の育成では、経営陣による、サイバーセキュリティ専門部署への専門人材の配置と予算配分、人材の計画的な育成確保、研修・訓練への参加を求めています。

2.1.4. リスク管理部門による牽制では、リスク管理部門によるサイバーセキュリティ管理態勢の監視・牽制を求めています。

2.1.5. 内部監査では、リスクベース・アプローチによるサイバーセキュリティに係る内部監査計画の策定、内部監査実施と取締役会への報告を求めています。

2.2 サイバーセキュリティリスクの特定は、2.2.1. 情報資産管理、2.2.2.

リスク管理プロセス、2.2.3. ハードウェア・ソフトウェア等の脆弱性管理、2.2.4. 脆弱性診断及びペネトレーションテスト、2.2.5. 演習・訓練からなります。

2.2.1. 情報資産管理では、情報資産をライフサイクル（取得・使用・保管・廃棄）に応じて管理する手続きの策定と見直しを求めています。また情報資産は、重要度に応じて保護の優先度を分類し、台帳等で管理することを求めています。情報資産の管理対象としては、情報システム、外部システムサービス、ハードウェア、ソフトウェア、情報（データ）、データフロー図、ネットワーク図を列挙しています。

2.2.2. リスク管理プロセスでは、脅威情報や脆弱性情報の収集分析と自組織への影響評価を行い、分析手法の1年に1回以上の見直し改善を求めています。またサイバーセキュリティリスクの特定・評価を行う体系的な手法や枠組みを構築し、セキュリティリスクの評価を1年に1回以上実施することとしています。リスク評価の結果により優先順位付けをしてリスク対応計画を策定、継続的に改善を図るように求めています。

2.2.3. ハードウェア・ソフトウェア等の脆弱性管理では、脆弱性管理の手続きの策定と見直しを実施すること、脆弱性情報による対応の要否の判断と、深刻度の高い脆弱性の対応の実施を求めています。

2.2.4. 脆弱性診断及びペネトレーションテストでは、定期的な脆弱性診断とペネトレーションテストの実施及び、対象範囲、実施頻度、実施時期などの手続きへの反映を求めています。

2.2.5. 演習・訓練では、サイバーインシデント対応計画及びコンティンジェンシープランの実効性確認を行い、継続的に改善できるように定期的に演習・訓練を実施すること、経営陣や業務部門の責任者の参加が求められています。

2.3 サイバー攻撃の防御は、境界ネットワーク対策、内部ネットワーク対策、外部への情報漏洩対策の多層防御を講じることを求めています。詳細項目として、2.3.1. 認証・アクセス管理、2.3.2. 教育・研修、2.3.3. データ保護、2.3.4. システムのセキュリティ対策からなります。

2.3.1. 認証・アクセス管理では、アクセス権限の必要最小限化、定期的な棚卸し、特権アカウントの利用の厳格な制限管理などを含めた規程の整備を求めています。

2.3.2. 教育・研修では、経営陣を含めたすべての役職員に定期的な教育研修を実施すること、サードパーティの担当者の教育研修を確認すること、顧客のサイバーセキュリティ意識向上の取組みなどを求めています。

2.3.3. データ保護では、データの管理方針の策定と、情報の重要度に応じたデータの保護（暗号化、認証、秘匿化、アクセス制御）、ランサムウエア攻撃のリスクを考慮したバックアップ要件の検討などを求めています。

2.3.4. システムのセキュリティ対策では、ハードウェア・ソフトウェアの管理、ログの取得・監視・保存の手続化、外部委託先を含めたセキュリティ・バイ・デザインの実践、インフラやネットワークの不正侵入対策、クラウドサービス利用での責任範囲の明確化と情報公開の設定の妥当性の確認などが求められています。

2.4 サイバー攻撃の検知は、2.4.1 監視の１項目ですが、そこでは、クラウドサービスの責任分解に応じた監視を含め、サイバー攻撃の端緒を検知するための継続的な監視・分析・報告の手続化が求められています。

2.5 サイバーインシデント対応及び復旧は、2.5.1. インシデント対応計画及びコンティンジェンシープランの策定、2.5.2. インシデントへの対

- 235 -

9章　情報セキュリティ

〔表9-7〕金融分野におけるサイバーセキュリティに関するガイドライン
第2節サイバーセキュリティ管理態勢のポイント（筆者作成）

項番	基本的な対応事項の重要ポイント
2.1 サイバーセキュリティ管理態勢の構築	
2.1.1. 基本方針、規定類の策定等	経営陣のコミットメントの強調。サイバーセキュリティ管理の基本方針策定、複数年での取組計画、管理態勢の年1回のレビュー、リソース配分、人員配置、セキュリティ・バイ・デザインなど
2.1.2. 規程等及び業務プロセスの整備	経営陣による、サイバーセキュリティに係る規程、業務プロセスの整備と1年1回以上の見直し
2.1.3. 経営資源の確保、人材の育成	経営陣による、サイバーセキュリティ専門部署への専門人材の配置と予算配分、人材の計画的な育成確保、研修・訓練への参加
2.1.4. リスク管理部門による牽制	リスク管理部門によるサイバーセキュリティ管理態勢の監視・牽制
2.1.5. 内部監査	リスクベース・アプローチによるサイバーセキュリティに係る内部監査計画の策定、内部監査実施と取締役会への報告
2.2 サイバーセキュリティリスクの特定	
2.2.1. 情報資産管理	情報資産を管理する手続きの策定と見直し。保護の優先度を分類し、台帳等での管理。管理対象は、情報システム、外部システムサービス、ハードウェア、ソフトウェア、情報（データ）、データフロー図、ネットワーク図
2.2.2. リスク管理プロセス	脅威情報や脆弱性情報の収集分析と自組織への影響評価を行い、分析手法の1年に1回以上の見直し改善。サイバーセキュリティリスクの特定・評価を行う体系的な手法や枠組みを構築し、セキュリティリスクの評価を1年に1回以上実施。リスク評価の結果により優先順位付けをしてリスク対応計画を策定、継続的に改善活動を実施
2.2.3. ハードウェア・ソフトウェア等の脆弱性管理	脆弱性管理の手続きの策定と見直しを実施。脆弱性情報による対応の要否の判断と、深刻度の高い脆弱性の対応の実施
2.2.4. 脆弱性診断及びペネトレーションテスト	定期的な脆弱性診断とペネトレーションテストの実施。対象範囲、実施頻度、実施時期などの手続きへの反映
2.2.5. 演習・訓練	サイバーインシデント対応計画及びコンティンジェンシープランの実効性確認。継続的に改善できるように定期的な演習・訓練の実施。経営陣や業務部門の責任者の参加
2.3 サイバー攻撃の防御	境界ネットワーク対策、内部ネットワーク対策、外部への情報漏洩対策の多層防御を講じる
2.3.1. 認証・アクセス管理	アクセス権限の必要最小限化、定期的な棚卸し、特権アカウントの利用の厳格な制限管理などを含めた規程の整備
2.3.2. 教育・研修	経営陣を含めたすべての役職員に定期的な教育研修を実施すること。サードパーティの担当者の教育研修を確認すること。顧客のサイバーセキュリティ意識向上の取組みなど

2.3.3. データ保護	データの管理方針の策定と、情報の重要度に応じたデータの保護（暗号化、認証、秘匿化、アクセス制御）、ランサムウエア攻撃のリスクを考慮したバックアップ要件の検討
2.3.4. システムの セキュリティ対策	ハードウェア・ソフトウェアの管理、ログの取得・監視・保存の手続化、外部委託先を含めたセキュリティ・バイ・デザインの実践、インフラやネットワークの不正侵入対策、クラウドサービス利用での責任範囲の明確化と情報公開の設定の妥当性の確認など
2.4 サイバー攻撃の検知	
2.4.1 監視	クラウドサービスの責任分解に応じた監視を含め、サイバー攻撃の端緒を検知するための継続的な監視・分析・報告の手続化
2.5 サイバーインシデント対応及び復旧	
2.5.1. インシデント対応計画及びコンティンジェンシープランの策定	サイバー攻撃を想定したインシデント対応計画及びコンティンジェンシープラン（含む復旧計画）のサイバー攻撃の種別ごとの策定、対応の優先順位や目標復旧時間、目標復旧水準を定める
2.5.2. インシデントへの 対応及び復旧	初動対応（検知・受付、トリアージ）と影響の分析、インシデントの記録やログの保全、顧客対応、組織内外の連携、広報、封じ込め、根絶、復旧の実施
2.6 サードパーティリスク管理	サードパーティのサイバーセキュリティリスクのリスクベースでの適切な管理、サプライチェーン全体を考慮したサードパーティを含むサイバーセキュリティ戦略の策定、サイバーセキュリティ管理態勢の整備、サイバーセキュリティ要件を意識したサードパーティとの取引開始、契約、SLA（サービスレベルアグリーメント）の締結、継続的モニタリングなど

応及び復旧からなります。

　2.5.1. インシデント対応計画及びコンティンジェンシープランの策定では、サイバー攻撃を想定したインシデント対応計画及びコンティンジェンシープラン（含む復旧計画）のサイバー攻撃の種別ごとの策定、対応の優先順位や目標復旧時間、目標復旧水準を定めることが求められています。

　2.5.2. インシデントへの対応及び復旧では、初動対応（検知・受付、トリアージ）と影響の分析、インシデントの記録やログの保全を求めています。また顧客対応、組織内外の連携、広報、封じ込め、根絶、復旧の実施を求めています。

9章　情報セキュリティ

　2.6サードパーティリスク管理は、詳細項目はありませんが、そこでは、サードパーティのサイバーセキュリティリスクのリスクベースでの適切な管理、サプライチェーン全体を考慮したサードパーティを含むサイバーセキュリティ戦略の策定、サイバーセキュリティ管理態勢の整備、サイバーセキュリティ要件を意識したサードパーティとの取引開始、契約、SLA（サービスレベルアグリーメント）の締結、継続的モニタリングなどを求めています。

　第3節の金融庁と関係機関の連携強化では、3.1 情報共有・情報分析の強化、3.2 捜査当局等との連携、3.3 国際連携の深化、3.4 官民連携が記載されています。第3節は金融庁の取組方針であり、金融機関にとっての実務的な記述がないため、詳細の説明は省略します。

参考文献

- 警察庁（2024）「令和5年におけるサイバー空間をめぐる脅威の情勢等について」
  https://www.npa.go.jp/publications/statistics/cybersecurity/data/R5/R05_cyber_jousei.pdf
- 金融庁（2022）「金融分野におけるサイバーセキュリティ強化に向けた取組方針（Ver.3.0）」
- 金融庁（2024）「金融分野におけるサイバーセキュリティに関するガイドライン」
- 情報処理推進機構（2024）「情報セキュリティ10大脅威2024」
- 日経XTECH（2023）「ランサムウエアに負けないゼロトラスト大全」
- 情報処理推進機構産業サイバーセキュリティセンター中核人材育成プログラム「システム開発のセキュリティ向上」プロジェクト（2022）「セキュリティ・バイ・デザイン導入指南書」

10章

マネー・ローンダリング対応

10.1 AML（アンチマネー・ローンダリング）

　AML（anti-money laundering マネー・ローンダリング防止）とは、マネー・ローンダリングなどを防ぐための対策を言います。マネー・ローンダリング（Money Laundering：資金洗浄）は、一般に、犯罪によって得た収益を、その出所や真の所有者が分からないようにして、捜査機関などによる収益の発見や検挙などを逃れようとする行為を言います。
　マネー・ローンダリングには、3つの段階があると言われています。それは、プレースメント、レイヤリング、インテグレーションです（図10-1）。プレースメントは、犯罪収益を金融システムに取り込むプロセスで、現金での送金などで金融機関の預貯金に入金するといった手段で

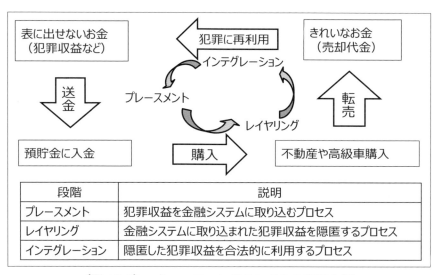

〔図10-1〕マネー・ローンダリングの3段階と例
（警察庁刑事局組織犯罪対策部（2010）を元に筆者作成）

行われます。レイヤリングは、様々な手段を用いて犯罪収益を隠匿する
プロセスです。不動産や高級車を購入したうえで転売するなどの手段で
行われます。インテグレーションは、隠匿した犯罪収益を合法的に利用
するプロセスです。犯罪の費用として再利用することなどが考えられま
す。

　マネー・ローンダリングの範囲について、当初は、麻薬などの薬物密
売の不正取引を対象としましたが、その後様々な組織犯罪、テロ組織へ
の資金供給、核兵器等の拡散にまで対象が広がりました。その結果、現
在では、正式な名称としては、「マネー・ローンダリング・テロ資金供与・
拡散金融」となっています。

　金融庁 HP では、以下と定義しています。

　「マネー・ローンダリング・テロ資金供与・拡散金融とは、犯罪や不
当な取引で得た資金を、正当な取引で得たように見せかけたり、多数の
金融機関（※）を転々とさせることで、資金の出所をわからなくしたり
する行為や、テロの実行支援等を目的としてテロリスト等に資金を渡す
行為、及び核兵器などの大量破壊兵器の拡散に関与する者へ資金を渡す
行為を指します。（※）金融機関とは、銀行、生命保険会社、損害保険
会社、金融商品取引業者、貸金業者、資金移動業者、暗号資産交換業者
などを指します。」

　犯罪による資金の洗浄だけでなく、テロや核兵器などの拡散につなが
る金融取引も施策としてはスコープに含まれるのです。また CFT
（combating the financing of terrorism：テロ資金供与対策）を合わせて、
AML/CFT と言うこともあります。中でも 2015 年には仮想通貨（現暗号

資産）の取引がテロ資金等の供与に悪用される危険性が指摘され、仮想通貨（暗号資産）交換業者への規制が導入されることとなりました。

　わが国では、2007年にそれまでの複数の法律を集約高度化する形で、犯罪収益移転防止法（犯収法）が成立し施行されました。その後も、環境変化に対応するべく都度新たな項目を追加する形で改正されています。

　金融機関の営業店で対応が必要になる取り組みの代表的なものが、「疑わしい取引」の報告義務です。例えば以下のような取引は速やかに報告しなければなりません。

・顧客の収入、資産に見合わない多額の現金または小切手により入出金や有価証券売買、送金、両替を行う取引。
・多額の少額通貨により入金又は両替を行う取引
・架空名義口座または借名口座であるとの疑いが生じた口座を使用した入出金。
・住所と異なる連絡先にキャッシュカードなどの送付を希望する顧客または通知を不要とする顧客に係る口座を使用した入出金

　また最近特に課題となっているのが、継続的顧客管理の問題と、取引モニタリングの精度の問題です。

　継続的顧客管理に関しては、口座開設から期間が経過した口座の顧客の状況を把握するためのものです。例えば顧客が自身の預金口座を売却するなどして、全く違う人の取引に使われているようなケースを発見するために、金融機関から顧客の最新の状況を確認するために、郵送などで問い合わせをすることがあります。ただ顧客からの回答率は高くなく、

10章　マネー・ローンダリング対応

問題のある取引を見出すには不十分な状況です。顧客が気軽に回答できるようなユーザーインターフェースが求められます。

　取引モニタリングについても、モニタリングシステムの疑わしい取引を検知する条件の設定を、環境変化に応じて調整するのが難しいという点があります。検知の条件を厳しくすると疑わしい取引の見逃しのリスクが発生する一方、条件を緩くすると誤検知率が高くなり、誤検知の取引の確認負荷が高まってしまうのです。このような取引モニタリングシステムの検知条件の調整や運用は、ITシステムの大きな課題となります。

10.2　FATF勧告と対応

　FATF（Financial Action Task Force：金融活動作業部会）は、1989年のアルシュ・サミット経済宣言を受けて設立されたマネー・ローンダリング等対策の国際基準策定・履行を担う多国間枠組みです。FATFには、2023年11月時点で38か国・地域と2地域機関が加盟しており、年に3回の全体会合にて、FATFの活動に関する事項を決定しています（表10-1）。

　さらに世界の地域ごとに、9つのFSRB（FATF-style regional bodies：FATF型地域体）が置かれており、それらを加え、世界200以上の国・地域に適用されています。日本はアジア・大洋州地域に置かれているFSRBであるAPG（Asia/Pacific Group on Money Laundering）にも加盟し、こちらの活動にも参加しています。

　日本に対する審査は、第1次対日相互審査報告書が1994年6月、第2次対日相互審査報告書が1998年7月、第3次対日相互審査報告書が2008年8月に公表されました。その都度指摘への対応が成されました。

〔表10-1〕FATF加盟国と地域機関（筆者作成）

アイスランド、アイルランド、アルゼンチン、イスラエル、イタリア、インド、インドネシア、英国、オーストリア、オランダ、カナダ、韓国、ギリシャ、豪州、サウジアラビア、シンガポール、スイス、スウェーデン、スペイン、中国、デンマーク、ドイツ、トルコ、日本、ニュージーランド、ノルウェー、フィンランド、ブラジル、フランス、米国、ベルギー、ポルトガル、香港、マレーシア、南アフリカ、メキシコ、ルクセンブルク、ロシア、欧州委員会（EC）＊、湾岸協力理事会（GCC）＊＊
＊欧州委員会加盟国（27か国）：アイルランド、イタリア、エストニア、オーストリア、オランダ、キプロス、ギリシャ、クロアチア、スウェーデン、スペイン、スロバキア、スロベニア、チェコ、デンマーク、ドイツ、ハンガリー、フィンランド、フランス、ブルガリア、ベルギー、ポーランド、ポルトガル、マルタ、ラトビア、リトアニア、ルーマニア、ルクセンブルク
＊＊湾岸協力理事会加盟国（6か国）：アラブ首長国連邦（UAE）、バーレーン、クウェート、オマーン、カタール、サウジアラビア

－ 247 －

🏛 10章　マネー・ローンダリング対応

そして、2021年8月に第4次対日相互審査報告書が公表されました。この時の評価は、上から2番目の「強化（重点）フォローアップ国」との評価で、5年後のフォローアップ評価に先駆けて、2022年から2024年にかけて、3回のフォローアップ申告書の提出を行う必要がありました。次回の第5次相互審査は、2028年8月にオンサイト審査が行われる予定であり、オンサイトの前に15か月程度の審査があるため、実質的な準備期間は、2024年度から2026年度の3年間程度となります。

　勧告への対応に関して、国内の金融機関の実効性ある対策が求められていますが、メガバンクのような体制の整備が進む金融機関だけでなく、小規模な金融機関でも対応が必要となります。

　そのような中で、全国銀行協会（全銀協）では、2023年1月に「株式会社マネー・ローンダリング対策共同機構」を設立し、先進的な金融機関の取り組みをベースに業界全体の底上げを図ろうとしています。2024年4月現在、都市銀行5行、地方銀行62行、信託銀行4行，第二地方銀行37行，その他12社の合計120社が参加しています。具体的には、業務高度化支援サービスとAIスコアリングサービスとが提供されます。

　業務高度化支援サービスは、利用機関からのAML/CFTに係る知見、経験、情報を持ち寄り、実務手引・FAQ、研修、コミュニティ、ヘルプデスクなどを提供するサービスで、2024年4月から具体的な施策が開始されています。

　AIスコアリングサービスは、銀行の取引モニタリングシステムから出力されるアラート取引を、共同機構に送信すると、AIがスコアリングモデルにより、リスク度合いとその根拠が返される仕組みです。2025年4月を目標に開発中です。

　他にも地方銀行で共同化システムを活用している場合、共同で継続的

顧客管理や取引モニタリングのシステムを構築することで、効率化やノウハウの共有を図る動きがあります。

10.3 eKYC（デジタルでの本人確認）

　eKYC（イーケーワイシー）は Electronic Know Your Customer の略で、「オンラインによる身元確認」のことです。もともと金融取引では、犯罪収益移転防止法（犯収法）の観点で、KYC（Know Your Customer）と呼ばれる身元確認が必要とされます。身元確認（KYC）は、本人確認書類などを用いて、取引者が実在しており、特定できている状態にすることです。身元確認の目的としては、第一に不正行為の牽制、第二に不正の防止、第三に不正時の対応の３点があります。第一の不正行為の牽制は、公的な確認書類の提示が必要ということで、不正な取引や行為の発生を牽制することです。第二の不正の防止は、他人に成りすました申込や、同一人物による複数化の申込を防止することを狙います。第三の不正時の対応は、いざ不正が発生してしまった場合に、不正実施者の特定や、不正方法の追跡が可能となるという点です。

　犯罪収益移転防止法によると、主な身元確認の方式に５つの類型があります（表10-2）。

　ホ方式は、専用ソフトウェアで写真付きの身分証を撮影し、また本人の容貌を撮影し、その２つを照合するものです。その際、身分証は厚み

〔表 10-2〕犯罪収益移転防止法による主な身元確認の方式（筆者作成）

類型	説明
ホ方式	専用ソフトウェアによる身分証の撮影＋容貌の撮影、2025 年以降廃止予定
ヘ方式	専用ソフトウェアによる身分証の IC チップの読み取り＋容貌の撮影
ト方式	専用ソフトウェアによる身分証の撮影または IC チップの読み取り＋銀行情報などとの照合または少額振り込み
ワ方式	マイナンバーカードによる公的個人認証（JPKI）、今後の主流となる方式
チ方式（参考）	本人確認書類の撮影または IC チップの読み取り＋転送不要郵便送付

やその他の特徴を撮影することで、本人が所有していることや真正性を確認します。

へ方式は、専用ソフトウェアで写真付き、IC チップ付きの身分証の IC チップを読み取り、本人の容貌を撮影して身分証の写真と照合します。

ト方式は、専用ソフトウェアによる写真付き身分証の撮影、または写真付き、IC チップ付の身分証の IC チップを読み取り、銀行などの利用者であることの証明との照合、または少額振り込みによる結果の確認を行います。

ワ方式では、専用ソフトウェアでマイナンバーカードの IC チップを読み取り、マイナンバーカードの署名用パスワードを入力することで確認を行います。マイナンバーカードを利用する公的個人認証になります。

KYC（身元確認）をオンラインで行うものが、eKYC ですが、以上のホ、へ、ト、ワの 4 方式が eKYC の方式です。

なお、チ方式は、本人確認書類の撮影ないし、IC チップの読み取りに加え、転送不要郵便の送付をおこなうもので、従来型の身元確認の方法です。

この中で、ホ方式は、昨今身分証の偽造により、身元確認を突破するケースが生じてきており、2025 年以降廃止される予定となっています。

一方、ワ方式の公的個人認証は、本人確認書類や容貌の撮影がない点で、ユーザビリティが高く、今後の主流となる方式です。デジタル庁でも、普及を促進しています。公的個人認証のことを、JPKI（Japanese Public Key Infrastructure）とも言います。公的個人認証を行うアプリを JPKI アプリと言います。またマイナンバーカードのスマートフォンへの搭載に関しては、2024 年 6 月現在は、Android 搭載のスマートフォン

🏛 10章　マネー・ローンダリング対応

に搭載されており、iPhoneへの搭載も2025年に行われる予定です。このスマートフォンに搭載されたマイナンバーカードを用いれば、マイナンバーカードのICカード読み取りも不要となります。

参考文献

- 財務省 HP
  https://www.mof.go.jp/policy/international_policy/convention/fatf/index.html
- 金融庁 HP　FATF による第 4 次対日相互審査報告書の公表について
  https://www.fsa.go.jp/inter/etc/20210830/20210830.html
- 金融庁（2023）マネー・ローンダリング・テロ資金供与・拡散金融対策の現状と課題
- 金融庁（2021）マネー・ローンダリング及びテロ資金供与対策に関するガイドライン
- マネー・ローンダリング対策共同機構 HP
  https://www.caml.co.jp/
- 警察庁 HP
  https://www.npa.go.jp/sosikihanzai/jafic/maneron/manetop.htm
- 広瀬諒子（2024）新たな局面を迎えるマネロン対策「金融財政事情 2024.4.16」
- 渡邉雅之（2018）「マネー・ローンダリングとはどのような行為か」
  https://www.businesslawyers.jp/practices/890
- 警察庁刑事局組織犯罪対策部（2010）「マネー・ローンダリング対策のための事業者による顧客管理の在り方に関する懇談会第 1 回配布資料」
- 日経 FinTech（2024）「金融 DX 戦略レポート 2024-2028」
- 三井住友銀行（2023）「eKYC とは？オンライン本人確認の導入方法や導入メリットなどを解説」

あとがき

　本書では、金融 IT システムに係る様々な項目を説明してきました。銀行、証券、保険、クレジットカードの IT システムの仕組みに始まり、昨今話題となっている AI やブロックチェーン、そして、金融 IT システムの脅威となっている情報セキュリティ、マネー・ローンダリング、システム障害の事例など、様々なトピックを幅広く採り上げてきました。経済の様々な取引や仕組みには、金融 IT システムが欠かせない重要な役割を果たしています。一方で重要であるからこそ、システム障害やサイバー攻撃が発生すると、その社会的な影響も大きなものとなります。私たちはそのような便利な金融 IT システムを使いこなしながら、いざ金融 IT システムが使えないケースでも、最低限行うべきことを見極めて、生活やビジネスへの影響を低減することが求められています。本書がそのような金融 IT システムの担い手や利用者の皆様の知見を深めるために活用いただければ、幸いです。

　今回の出版にあたっては、科学情報出版の水田浩世さんには、企画段階から手厚い支援をいただきました。深く感謝申し上げます。また勤務先である静岡大学情報学部の皆様、様々な金融機関、金融 IT システム関連の民間団体、報道関係の皆様にも、多くのご支援をいただきました。深くお礼申し上げます。

遠藤 正之

索引

あ

あいおいニッセイ同和損害保険・・・・・・・・・・・・120
相手国通貨建て預金口座・・・・・・・・・・・・・・・・・・69
あおぞら銀行・・・・・・・・・・・・・・・・・・・・・・・・・・・68
アカウンタビリティ・・・・・・・・・・・・・・・・・・・・・176
アカウントアグリゲーションサービス・・・・・42,43
アクセス権限の必要最小限化・・・・・・・・・・・・・235
アクセス制御・・・・・・・・・・・・・・・・・・・222,230
アクワイアラ・・・・・・・・・・・・・・・・・・・・134,135
朝日生命保険・・・・・・・・・・・・・・・・・・・・・・・・・111
アジャイルエリア・・・・・・・・・・・・・・・・・・・・・・63
預けデポ・・・・・・・・・・・・・・・・・・・・・・・・・・・・・69
アバター・・・・・・・・・・・・・・・・・・・・・・・・・・・・207
アバターによる相談・・・・・・・・・・・・・・・・・・・166
アプリケーションプログラミングインターフェース・・42
新たなリスクへの備え・・・・・・・・・・・・・・・・・・218
アルゴリズム型・・・・・・・・・・・・・・・・・・・・・・・192
暗号資産・・185,189,190,191,192,204,244,245
暗号資産交換業者・・・・・・・・・・・・・・・・221,232
暗号資産担保型・・・・・・・・・・・・・・・・・・・・・・・193
暗号資産取引所・・・・・・・・・・・・・・・・・191,192
安全性・・・・・・・・・・・・・・・・・・・・・・・・・・・・・175
アンダーライター業務・・・・・・・・・・・・・・・・・・90
アンチマネー・ローンダリング・・・・・・・・・・・・243

い

イーサリアム・・・・・・・・・・・・・・・・・・・・・・・・190
イオン FS・・・・・・・・・・・・・・・・・・・・・・・・・・133
イシュア・・・・・・・・・・・・・・・・・・・・・・・133,134
委託売買業務・・・・・・・・・・・・・・・・・・89,91,93
一般利用型・・・・・・・・・・・・・・・・・・・・・198,199
一般利用型CBDC・・・・・・・・・・・・・・・・・・・・201
イノベーション・・・・・・・・・・・・・・・・・・・・・・176
医療保険・・・・・・・・・・・・・・・・・・・・・・・・・・・109
医療保障保険契約内容登録システム・・・・・・・118
インシデント対応計画及び
コンティンジェンシープランの策定・・・・・・・・・237
インシデントへの対応及び復旧・・・・・・・・・・・237
インターネット・・・・・・・・・・・・・・・・・・・・・・・41
インターネット専業銀行・・・・・・・・・・・23,36,41
インターネット専業保険会社・・・・・・・・・・・・114
インターネットバンキング・・・・・・・・・39,41,221

い（続き）

インテグレーション・・・・・・・・・・・・・・243,244
インデックスデータ・・・・・・・・・・・・・・・・・・・205

う

ウィルスソフト・・・・・・・・・・・・・・・・・・・・・・・224
ウェルスナビ・・・・・・・・・・・・・・・・・・・・・・・・160
疑わしい取引・・・・・・・・・・・・・・・・・・・245,246
売上処理システム・・・・・・・・・・・・・・・・・・・・140

え

営業活動管理系・・・・・・・・・・・・・・・・・・・・・・・40
営業活動支援・・・・・・・・・・・・・・・・・・・・・・・・166
営業支援システム・・・・・・・・・・・・・・・・・・・・・94
営業職員・・・・・・・・・・・・・・・・・・・・・・・・・・・114
営業店システム・・・・・・・・・・・・・・・・・・・・・・・40
演習・訓練・・・・・・・・・・・・・・・・・・・・・・・・・234

お

大阪デジタルエクスチェンジ・・・・・・・・・101,197
大阪取引所・・・・・・・・・・・・・・・・・・・・・・・・・100
オーソリ・・・・・・・・・・・・・・・・・・・・・135,136
オーソリゼーションネットワーク・・・・134,135,138
大手損害保険会社の統合・・・・・・・・・・・120,121
オープン化・・・・・・・・・・・・・・・・・・・・・・36,63
オープン勘定系・・・・・・・・・・・・・・・・・・・・・・・36
オープン基盤・・・・・・・・・・・・・・・・・・・・・・・・37
お金のデザイン・・・・・・・・・・・・・・・・・・・・・・160
オフアス取引・・・・・・・・・・・・・・・・・・・・・・・135
オフライン決済機能・・・・・・・・・・・・・・・・・・・201
オペレーショナルリスク・・・・・・・・・・・・・・・・・9
オペレーショナル・レジリエンス・・・・13,14,15
オペレーティングシステム・・・・・・・・・・・・・・・78
オリエントコーポレーション・・・・・・・・・・・・・133
オンアス取引・・・・・・・・・・・・・・・・・・・・・・・135
オンプレミス・・・・・・・・・・・・・・・・・・・・・・・・63
オンライン証券・・・・・・・・・・・・・・・・5,96,97
オンライントレードシステム・・・・・・・・・・・・・93
オンラインレンディング・・・・・・・・・・・・・・・・152
オンラインレンディングの懸念点・・・・・・・・・158

か

カード発行会社・・・・・・・・・・・・・・・・・134,135
カード発行システム・・・・・・・・・・・・・・・・・・・140
カード利用・与信管理システム・・・・・・・・・・・139
海外旅行保険・・・・・・・・・・・・・・・・・・・・・・・120
外貨預金・・・・・・・・・・・・・・・・・・・・・・・・・・・26

- 256 -

会計システム提供企業 ･･････････････････156
外国為替 ･････････････････････････28, 69
改正資金決済法 ･･･････････････････････57
外部接続システム ･････････････････124, 140
各社間決済システム ･･････････････････117
鹿児島銀行 ･･･････････････････････････72
火災保険 ･･･････････････109, 120, 122
貸金業者 ･･････････････････････････232
貸出業務･･････････････････････26, 27, 29
仮想通貨 ･･･････････････････････185, 244
画像認識 ･･･････････････････････････150
価値算出 ･･･････････････････････････150
ガバナンストークン ･･･････････････203, 204
株式会社化 ･････････････････････････111
株式等口座振替システム ･･････････････102
株式売買システム ･････････････････････100
加盟店 ･････････････････････････134, 135
加盟店管理会社 ･････････134, 135, 136, 137
加盟店管理システム ･･････････････････140
為替････････････････････････････････57
為替業務･･･････････････････････27, 28, 30
換金性 ･････････････････････････････196
監視 ･･･････････････････････････････235
幹事証券会社 ･･････････････････････････90
勘定系システム ･･････････････32, 33, 36, 226
間接型･･･････････････････････････198, 199
間接金融 ･･････････････････････････････3, 4
感染症 ･･･････････････････････････････13
カンボジア ･････････････････････････200
カンボジア国立銀行 ･････････････････････199
かんぽ生命･･････････････････････････････5

き

記憶認証 ･･････････････････････････227
「機会」、「動機」、「正当化」の3要素 ･･････222
基幹業務系システム ･････････123, 124, 139
企業年金保険 ･･････････････････････112
規程等及び業務プロセスの整備 ･･････････233
機微情報 ･･････････････････････････115
基本的考え方･･･････････････････････231
基本的な対応事項 ･･･････････････231, 233
基本方針、規定類の策定･･････････････233
キャッシュレス ･･･････････････････218, 219
キャッシュレス決済比率 ･･････････････････82
キャッシュレス・消費者還元事業 ･･･････････82
キャッシュレスの相互運用性 ･･････････82, 83

給与のデジタル払い ･････････････････83, 84
教育・研修･･････････････････････････235
教育・リテラシー ･･･････････････････････176
脅威分析･････････････････････････････229
境界型防御 ･････････････････････････224
狭義のリスクマネジメント ･･････････････11, 12
紀陽銀行 ･･･････････････････････････････36
協同組織金融機関 ･･･････････････5, 23, 24
共同利用型･･･････････････････････････97
京都銀行 ･･･････････････････････33, 72, 226
業務系システム ･･･････････････39, 91, 113
業務高度化支援サービス ･･･････････････248
業務支援系 ･･･････････････････････････40
業務プロセスの相互連関性 ･･･････････････13
共有ディスク装置 ･･･････････････････104, 105
巨大化複雑化 ･･････････････････････････32
きらぼし銀行 ･･･････････････････････33, 52
銀行 ･･･････････････････････5, 23, 232
銀行ATMでの通帳・カード大量取込 ･･･････44
銀行勘定系システム ･･････････････････････38
銀行勘定系システムのクラウド化 ･････････････37
銀行業高度化等会社 ･････････････････････53
銀行兄弟会社 ･･････････････････････････53
銀行系クレジットカード会社 ･･･････････････133
銀行子会社 ･･････････････････････････････53
銀行システム障害事例 ･･･････････････････44
銀行代理業 ･････････････････････････232
銀行の3大業務 ･･･････････････25, 29, 32
銀行の業務範囲規制 ･････････････････････53
銀行部門 ･････････････････････････････4, 5
銀行部門の相互ネットワーク ･････････････････6
銀行法 ･･････････････････････････43, 53
銀行法10条 ･･･････････････････････････25
銀行法改正 ･･････････････････････････28
銀行預金型 ･････････････････････････194
金銭消費貸借契約証書 ･･･････････････････27
金融 ･･･････････････････････････････････3
金融DX ･･････････････････････････212, 213
金融ISAC･･････････････････18, 219, 225, 232
金融IT協会（FITA） ･･･････････････････19
金融ITシステム ･･･････････････････････3, 5
金融ITシステム関連の民間団体 ･･･････････18
金融ITシステムの概観 ･･････････････････････6
金融ITシステムのリスク ･･･････････････9, 10
金融AI成功パターン ･･･････････････････149
金融活動作業部会 ･･････････････････････247

－ 257 －

索引

金融機関型 ・・・・・・・・・・・・・・・・・・・156
金融機関等相互のネットワーク ・・・・・・・・・・6, 8
金融機関の決済ネットワーク ・・・・・・・・・・・57
金融サービス仲介業者 ・・・・・・・・・・・・・232
金融システム ・・・・・・・・・・・・・・・・・4, 5
金融商品取引業者 ・・・・・・・・・・・・・89, 232
金融商品取引ネットワーク ・・・・・・・・・・・・6
金融商品取引法 ・・・・・・・・・・・・・・・・89
金融情報システム監査等協議会 (FISAC) ・・・・・18
金融情報システムセンター (FISC) ・・・・・・・・18
金融生成 AI ガイドライン ・・・・・168, 172, 173, 174
金融生成 AI 実務ハンドブック ・・168, 173, 175, 176
金融庁 ・・・・・・・・・・・・・・・・・・・・14
金融庁と関係機関の連携強化・・・・・・・・・・・238
金融データ活用推進協会 ・・・・・・・・19, 149, 168
金融分野におけるサイバーセキュリティ強化に
向けた取組方針 ・・・・・・・・・・・・・217, 218
金融分野におけるサイバーセキュリティに関する
ガイドライン ・・・・・・・・・219, 231, 232, 236
銀聯 ・・・・・・・・・・・・・・・・・・・・135

く

熊本銀行 ・・・・・・・・・・・・・・・・・・・72
クライアントサーバ型のシステム ・・・・・・・・32
クラウド ・・・・・・・・・・・・・・・・・・・37
クラウド化 ・・・・・・・・・・・・・・・・・・36
クラウド会計サービス ・・・・・・・・・・・・・42
クラウド型 AI サービス ・・・・・・・・・・・・164
クラウドコンピューティングを利用したシステム・・32
クラウドサービス ・・・・・・・・・・・・219, 235
クラウド利用宣言 ・・・・・・・・・・・・・・・36
グランドデザインの見直し ・・・・・・・・・・・63
クレジットカード・・133, 134, 135, 136, 138, 139, 143
クレジットカード会社 ・・・・・・・・・・・・5, 74
クレジットカード会社の IT システム ・・・138, 139
クレジットカードのタッチ決済 ・・・・・・・・・83
クレジットカードの不正検知・・・・・・・・・・150
クレジットカードの利便性向上 ・・・・・・・・・83
クレッシーの不正のトライアングル ・・・・・・・222
クレディセゾン ・・・・・・・・・・・・・・・133

け

経営管理系 ・・・・・・・・・・・・・・・・・・40
経営資源 ・・・・・・・・・・・・・・・・・13, 15
経営資源の確保、人材の育成・・・・・・・・・・233
経営資源配分 ・・・・・・・・・・・・・・・・13

経営陣 ・・・・・・・・・・・・・・・・232, 233
経済・金融情報システム・・・・・・・・・・・・94
継続的な顧客管理 ・・・・・・・・・・・・・・245
継続的モニタリング ・・・・・・・・・・・・・238
携帯端末 ・・・・・・・・・・・・・・・・・・115
系統金融機関 ・・・・・・・・・・・・・・・・23
系統農協 ・・・・・・・・・・・・・・・・・・67
系統農協・信漁連 ・・・・・・・・・・・・・・67
契約が長期にわたること ・・・・・・・・・・・114
契約管理システム ・・・・・・・・・114, 115, 123
契約管理システムの特徴 ・・・・・・・・・・・115
契約計上システム ・・・・・・・・・・・・・・123
契約者貸付け ・・・・・・・・・・・・・・・・114
契約登録情報交換システム ・・・・・・・・・・126
契約内容登録システム ・・・・・・・・・・・・119
決済機関 ・・・・・・・・・・・・・・・・・・99
決済期間短縮化 ・・・・・・・・・・・・・・・103
決済システム ・・・・・・・・・・・・・・92, 140
決済照合システム ・・・・・・・・・・・・・・102
決済代行会社 ・・・・・・・・134, 135, 136, 156
決済ネットワークシステム ・・・・・・・・・・75
決済ネットワークシステム障害事例 ・・・・・・・75
下落ショック軽減機能 ・・・・・・・・・・・・162
検索拡張生成 ・・・・・・・・167, 169, 170, 171
検知 ・・・・・・・・・・・・・・・16, 75, 222
検知・受付 ・・・・・・・・・・・・・・・・・237

こ

コアタイムシステム ・・・・・・・・・・・・・・61
広義のリスクマネジメント ・・・・・・・・・11, 12
興行中止保険・・・・・・・・・・・・・・・・121
口座型 ・・・・・・・・・・・・・・・・・・・198
公正競争確保 ・・・・・・・・・・・・・・・・176
公的機関との連携 ・・・・・・・・・・・・・・225
公的個人認証 ・・・・・・・・・・・・・・・・251
公平性 ・・・・・・・・・・・・・・・・・・・176
広報・・・・・・・・・・・・・・・・・・・・237
小切手の全面的な電子化・・・・・・・・・・・・27
顧客管理 ・・・・・・・・・・・・・・・・・・115
顧客管理系 ・・・・・・・・・・・・・・・・・40
顧客管理システム ・・・・・・・・・・・・・・92
顧客対応 ・・・・・・・・・・・・・・・・・・237
顧客分析 ・・・・・・・・・・・・・・・・・・165
顧客向けチャネル ・・・・・・・・・・・・・・39
国際系システム ・・・・・・・・・・・・・39, 95
国際決済銀行 ・・・・・・・・・・・・・・・・200

− 258 −

国際送金サービス・・・・・・・・・・・・・・・・・71
国際ブランドホルダー・・・・・・・・・・・134, 135
小口化発行・・・・・・・・・・・・・・・・・195, 196
国内株式売買手数料の無料化・・・・・・・・97
個人間送金サービス・・・・・・・・・・・・・・72
個人財務管理サービス・・・・・・・・・・・・・42
個人情報・機密漏洩・・・・・・・・・・・・・・169
個人信用情報機関・・・・・・・・・・・・・・6, 74
個人年金保険・・・・・・・・・・・・・・・・・・112
個人向け損害保険・・・・・・・・・・・・・・・120
ことら・・・・・・・・・・・・・・・・・62, 72, 83
ことら接続・・・・・・・・・・・・・・・・・・・62
個別金融機関・・・・・・・・・・・・・・・・・・・5
個別金融事業者・・・・・・・・・・・・・・・・・6
コモディティ型・・・・・・・・・・・・・・・・193
ゴルファー保険・・・・・・・・・・・・・・・・120
コルレス銀行・・・・・・・・・・・・・・・・・・28
コルレス契約・・・・・・・・・・・・・・・30, 69
混合型・・・・・・・・・・・・・・・・・198, 199
根絶・・・・・・・・・・・・・・・・・・・・・・237
コンソーシアム型・・・・・・・・・・・・・・・189
コンタクトセンター支援・・・・・・・・・・・165
コンティンジェンシープラン・・・・・・234, 237
コンテンツデータ・・・・・・・・・・・・・・・205
コンテンツのコピーは可能・・・・・・・・・208
根本原因分析・・・・・・・・・48, 49, 79, 104, 105

さ

サードパーティ・・・・・・・・・・・169, 235, 238
サードパーティリスク・・・・・・・・・・・・・233
サードパーティリスク管理・・・・・・・・・・238
サービスレベルアグリーメント・・・・・・・・238
西京銀行・・・・・・・・・・・・・・・・・・・・36
財形保険データ集配信システム・・・・・・・118
債権管理システム・・・・・・・・・・・・・・・140
埼玉りそな銀行・・・・・・・・・・・・・・・・・72
サイバーインシデント・・・・・・・・・・・・・233
サイバーインシデント対応及び復旧・・・・・235
サイバーインシデント対応計画・・・・・・・・234
サイバー攻撃
・・・・・13, 16, 175, 217, 224, 228, 229, 232, 233, 235
サイバー攻撃の検知・・・・・・・・・・・・・・235
サイバー攻撃の防御・・・・・・・・・・・・・・235
サイバーセキュリティ・・・・218, 219, 231, 232, 235
サイバーセキュリティ管理態勢・・231, 232, 233, 238
サイバーセキュリティ人材・・・・・・・・・・225

サイバーセキュリティ人材の育成・・・・・・・225
サイバーセキュリティセルフアセスメント・・218, 225
サイバーセキュリティ戦略・・・・・・・・・・238
サイバーセキュリティリスク・・・232, 234, 238
サイバーセキュリティリスクの特定・・・・・233
サイバーハイジーン・・・・・・・・・・・・・・219
サブシステム・・・・・・・・・・・・・・・39, 40
参考純率及び基準料率の算出・提供・・・・・127
暫定対処・・・・・・・・・・・・・・・・・17, 76
サンドダラー・・・・・・・・・・・・・・・・・199

し

シー・アイ・シー（CIC）・・・・・・・・・・・74
識別可能性・・・・・・・・・・・・・・・205, 206
事業継続計画・・・・・・・・・・・・・・・13, 16
事業継続計画とオペレーショナル・レジリエンス・・13
資金移動業・・・・・・・・・・・・・・・・・・・57
資金移動業型・・・・・・・・・・・・・・・・・194
資金移動業者・・・・・・・・・・・57, 62, 83, 84
資金運用系システム・・・・・・・・113, 116, 124
資金決済・・・・・・・・・・・・・・・・・・・・99
資金決済機能・・・・・・・・・・・・・・・・・・30
資金決済法・・・・・・・・・・・・・57, 193, 194
資金仲介機能・・・・・・・・・・・・・・・・・・29
自己主権性・・・・・・・・・・・・・・・205, 206
事故情報・・・・・・・・・・・・・・・・・・・・74
自己売買業務・・・・・・・・・・・・・・・89, 92
死差益・・・・・・・・・・・・・・・・・・・・・111
市場系システム・・・・・・・・・・・・・・・・・39
市場部門・・・・・・・・・・・・・・・・・・・4, 5
市場部門の相互ネットワーク・・・・・・・・・・6
市場リスク・・・・・・・・・・・・・・・・・・・9
地震保険・・・・・・・・・・・・・・・・・・・120
静岡銀行・・・・・・・・・・・・・・・・・36, 38
システム運用・・・・・・・・・・・・・・・・・166
システム開発プロジェクトの失敗・・・・・・・11
システム共同化・・・・・・・・・・・・・・・・・33
システム障害・・・・・・・・・・・11, 13, 16, 104
システム障害事例・・・・・・・・・44, 75, 104
システム障害対策・・・・・・・・・・・・・・・16
システム障害対策の4つの観点・・・・・・16, 17
システム性能不十分・・・・・・・・・・・・・・11
システムのセキュリティ対策・・・・・・・・・235
システムバンキング九州共同センター・・・・・・33
私設取引システム・・・・・・・・・・・・・・・101
自然災害・・・・・・・・・・・・・・・・・・・・13

－ 259 －

索引

七十七銀行 · · · · · · · · · · · · · · · · · · · 34
指定信用情報機関 · · · · · · · · · · · · · · 74
時点ネット決済 · · · · · · · · · · · · · · · · 64
自動運用機能 · · · · · · · · · · · · · · · · · 162
自動車事故 · · · · · · · · · · · · · · · · · · · 120
自動車事故情報交換システム · · · · · · · 125
自動車保険 · · · · · · · · · · · · · · · · · · · 109
自動車保険無事故・事故情報交換システム · · · 125
自賠責保険 · · · · · · · · · · · · · · · · · · · 128
自賠責保険の損害調査 · · · · · · · · · · · 127
支払査定時照会システム · · · · · · · · · · 119
死亡保険 · 114
死亡リスクに備える保険 · · · · · · · · · · 112
死亡率等統計システム · · · · · · · · · · · 119
島根銀行 · 36
事務系システム · · · · · · · · · · · · · · · · 40
ジャックス · · · · · · · · · · · · · · · · · · · 133
ジャパンネクスト PTS · · · · · · · · · · · 101
ジャパンネット銀行 · · · · · · · · · · · · 156
ジャマイカ · · · · · · · · · · · · · · · · · · · 200
終身保険 · 112
じゅうだん会 · · · · · · · · · · · · · · · · · · 34
集中センターシステム · · · · · · · · · · · · 40
十八親和銀行 · · · · · · · · · · · · · · · · · · 72
重要な業務 · · · · · · · · · · · · · · · · · 14, 15
需要予測 · 150
純粋リスク · · · · · · · · · · · · · · · · · · 9, 11
障害が起きにくいシステム · · · · · · · · · 16
障害の未然防止策 · · · · · · · · · · · · · · · 16
傷害保険 · · · · · · · · · · · · · · · · · 109, 120
少額短期保険 · · · · · · · · · · · · · · · · · 110
少額短期保険業者 · · · · · · · · · · · · · · 110
商業手形割引 · · · · · · · · · · · · · · · · · · 27
証券会社 · · · · · · · · · · · · · 5, 89, 90, 232
証券会社の業務系システム · · · · · · · 91, 92
証券会社のシステム · · · · · · · · · · · · · 91
証券会社の情報系システム · · · · · · · · · 94
証券会社の対外接続系システム · · · · · · 93
証券決済 · 99
証券決済の仕組み · · · · · · · · · · · · · · · 98
証券取引所 · · · · · · · · · · 6, 93, 100, 104
証券取引所のシステム障害事例 · · · · · 104
証券取引ネットワーク · · · · · · · · · · · · · 6
証券の4大業務 · · · · · · · · · · · · · · · · 89
証券保管振替機構 · · · · 93, 99, 102, 103, 195
商工組合中央金庫 · · · · · · · · · · · · · · · 68

証書貸付 · 27
冗長性 · 16, 61
荘内銀行 · 34
消費者金融 · · · · · · · · · · · · · · · · · · 5, 74
情報系システム · · · · 39, 94, 101, 113, 115, 124, 140
情報資産管理 · · · · · · · · · · · · · · · · · 234
情報セキュリティ · · · · · · · · · 217, 222, 229
情報セキュリティの統制が求められること · · · · 115
情報提供企業 · · · · · · · · · · · · · · · · · · 93
情報漏洩 · 175
職務分担 · 230
所得補償保険 · · · · · · · · · · · · · · · · · 109
所有物認証 · · · · · · · · · · · · · · · · · · · 227
自律分散型組織 · · · · · · · · · · · · · 193, 203
新形態銀行 · · · · · · · · · · · · · · · · · · · 218
人工知能 · 149
審査 · 150
信託 · 23
信託型 · 194
信託銀行 · · · · · · · · · · · · · · · · · 5, 23, 67
信販会社 · · · · · · · · · · · · · · · 5, 74, 133
新ファイル転送 · · · · · · · · · · · · · · 60, 76
信用管理 · 135
信用金庫 · · · · · · · · · · · · · · · · 23, 52, 67
信用金庫業界の共同化 · · · · · · · · · · · · 33
信用組合 · · · · · · · · · · · · · · · · 23, 52, 67
信用創造機能 · · · · · · · · · · · 29, 201, 202
信用リスク · 9

す

スクリーンスクレイピング · · · · · · · · 41, 42
スコアリングモデル · · · · · · · · · · · · · 248
ステーブルコイン · · · · · 190, 192, 193, 194, 197, 198
スマートコントラクト · · · · · · · · 190, 204, 207
スマートフォン · · · · · · · · · · · · · · 41, 227
スマートフォンにクレジットカード機能を
持たせる仕組み · · · · · · · · · · · · · · · · · 83
住信 SBI ネット銀行 · · · · · · · · · · · 72, 156
住友生命保険 · · · · · · · · · · · · · · · · · 111

せ

清算機関 · · · · · · · · · · · · · · · · · · 98, 103
清算系システム · · · · · · · · · · · · · · · · 101
生死混合型 · · · · · · · · · · · · · · · · · · · 112
脆弱性診断 · · · · · · · · · · · · · · · · · · · 234
脆弱性診断及びペネトレーションテスト · · · · 234

– 260 –

生成 AI
・・・・ 164, 165, 166, 167, 168, 171, 172, 173, 176, 177
生成 AI システム ・・・・・・・・・・・・・・・・・・ 176, 177
生成 AI のリスク ・・・・・・・・・・・・・・・・・・ 169, 175
生成 AI ライフサイクル ・・・・・・・・・・・・・・・・・ 177
生存リスク ・・・・・・・・・・・・・・・・・・・・・・・・・・ 112
生存リスクに備える保険 ・・・・・・・・・・・・・・・・ 112
生体認証 ・・・・・・・・・・・・・・・・・・・・・・・・・・ 228
正当化・・・・・・・・・・・・・・・・・・・・・・・・・・・・ 223
政府のキャッシュレス推進施策 ・・・・・・・・・・・・ 82
生保共同センター ・・・・・・・・・・・・・・・・・・・・ 117
生保共同センター（LINC）の主なシステム ・・・・ 118
生命保険 ・・・・・・・・・・・・・・・・・・ 109, 111, 115
生命保険会社 ・・・・・・・・・・ 5, 109, 110, 111, 112
生命保険会社のシステム ・・・・・・・・・・・・ 113, 114
生命保険会社の剰余金発生原因 ・・・・・・ 111, 112
生命保険会社のネットワークシステム ・・・・・・・ 117
生命保険団体扱インターネットサービスシステム・・ 117
生命保険と比較し短期契約が多いこと ・・・・・・ 122
生命保険募集人登録システム ・・・・・・・・・・・・ 118
セキュリティアーキテクチャ ・・・・・・・・・・・・・・ 230
セキュリティ確保 ・・・・・・・・・・・・・・・・・・・・・ 175
セキュリティ組織 ・・・・・・・・・・・・・・・・・・・・ 224
セキュリティ対策 ・・・・・・・・・・・・・・・・・・・・ 201
セキュリティ・トークン ・・・・・・・・・・・ 195, 196, 197
セキュリティ・トークンのプラットフォーム ・・・ 196
セキュリティ・バイ・デザイン
・・・・・・・・・・ 16, 219, 229, 230, 233, 235
セキュリティ・バイ・デフォルト ・・・・・・・・・・・ 230
セキュリティ要件 ・・・・・・・・・・・・・・・・・・・・ 229
接続形態の多様化 ・・・・・・・・・・・・・・・・・・・ 62
セブン銀行 ・・・・・・・・・・・・・・・・・・・・・・・・・ 68
セリング業務 ・・・・・・・・・・・・・・・・・・・・・・・ 90
全銀 EDI システム ・・・・・・・・・・・・・・・・・・・・ 61
全銀システム
・・・・・・・・・ 6, 28, 30, 39, 58, 59, 60, 62, 63, 67, 72
全銀システム障害事例 ・・・・・・・・・・・・・・・・・ 75
全銀センター ・・・・・・・・・・・・・・・・・・・・ 59, 60
全銀ネット ・・・・・・・・・・・・・・・・・・・・・・ 58, 59
全国キャッシュサービス（MICS）・・・・・・・・・・ 67
全国銀行協会 ・・・・・・・・・・・・・・・・・・ 74, 248
全国銀行個人信用情報センター（KSC）・・・・・・ 74
全国銀行資金決済ネットワーク ・・・・・・・・・ 58, 59
全国銀行通信システム ・・・・・・・・・・・・・・・・ 58
全国銀行データ通信システム ・・・・・・・・ 6, 28, 59
センター二重化・・・・・・・・・・・・・・・・・・・・・・ 16

宣伝物の広告審査・・・・・・・・・・・・・・・・・・・・ 166
セントラルカウンターパーティ ・・・・・・・・・・・・ 103
戦略リスク ・・・・・・・・・・・・・・・・・・・・・・・・・・ 9

そ

相銀九州共同オンラインセンター ・・・・・・・・・・ 33
相互運用性 ・・・・・・・・・・・・・・・・・・・・ 201, 206
相互会社形態 ・・・・・・・・・・・・・・・・・・・・・・ 111
相互接続性 ・・・・・・・・・・・・・・・・・・・・・・・・ 176
相互連関性のマッピングと必要な経営資源の確保
・・・・・・・・・・・・・・・・・・・・・・・・・・・・・・・・ 14
相殺 ・・・・・・・・・・・・・・・・・・・・・・・・・・・・ 103
即時グロス決済 ・・・・・・・・・・・・・・・・・・・・・ 64
疎結合化 ・・・・・・・・・・・・・・・・・・・・・・・・・・ 38
組織内外の連携 ・・・・・・・・・・・・・・・・・・・・ 237
ソフトウェア ・・・・・・・・・・・・・・・・・・・・・・・・ 37
ソフトウェアのモダナイズ ・・・・・・・・・・・・・・・ 37
ソラミツ ・・・・・・・・・・・・・・・・・・・・・・・・・・ 200
損害サービスシステム ・・・・・・・・・・・・・・・・・ 123
損害保険 ・・・・・・・・・・・・・・・・・・・・ 109, 120
損害保険会社 ・・・・・・・・・・・・・・・・ 5, 109, 110
損害保険会社のシステム ・・・・・・・・・・・ 121, 124
損害保険会社のシステム例 ・・・・・・・・・・・・・ 123
損害保険会社のネットワークシステム ・・・・・・ 125
損害保険ジャパン ・・・・・・・・・・・・・・・・・・・ 120
損害保険商品 ・・・・・・・・・・・・・・・・・・・・・・ 120
損害保険ネットワークシステム ・・・・・・・・ 125, 126
損害保険の 3 メガグループ ・・・・・・・・・・・・・ 120
損害保険の種類 ・・・・・・・・・・・・・・・・・・・・ 121
損害保険の特徴によるシステムニーズ ・・・ 121, 122
損害保険料口座振替データ交換システム ・・・ 127
損害保険料率算出機構 ・・・・・・・・・・・ 125, 127
損害保険料率算出団体に関する法律 ・・・・・・ 127
損保ネットワークセンター ・・・・・・・・・・・・・・ 125

た

ターゲティング ・・・・・・・・・・・・・・・・・・・・・ 149
第 4 次対日相互審査報告書 ・・・・・・・・・・・・・ 248
第 7 次全銀システム ・・・・・・・・・・・・・・・・・・ 59
第 8 次全銀システム ・・・・・・・・・・・・・・・・・・ 62
第 9 次全銀システム ・・・・・・・・・・・・・・・・・・ 63
第一次オンラインシステム・・・・・・・・・・・・・・・ 32
第一種資金移動業 ・・・・・・・・・・・・・・・・・・・ 57
第一生命保険・・・・・・・・・・・・・・・・・・・・・・ 111
第一分野 ・・・・・・・・・・・・・・・・・・・・・・・・・ 109
対応が望ましい事項 ・・・・・・・・・・・・・・ 231, 233

- 261 -

索引

対外接続系システム ･････････････ 39, 93
大規模言語モデル ･･････････････ 164
第三次オンラインシステム ････････ 32
第三種資金移動業 ･････････････ 57
第三分野 ･････････････････ 109
大数の法則 ･･･････････････ 111
耐性度 ･･･････････････ 13, 14, 15
代替 ･････････････････ 16, 78
第二次オンラインシステム ････････ 32
第二種資金移動業 ･････････････ 57
対日相互審査報告書 ･･･････････ 247
第二地方銀行 ･･･････････ 52, 67
第二分野 ･････････････････ 109
代表的な生命保険の種類 ･･･････ 113
代理店情報確認システム ･･･････ 125
代理店での販売が営業活動の
中心になっていること ･･･････ 122
代理店登録電子申請システム ･･･ 127
大和総研 ･･････････････ 97
多層防御 ･････････････ 224, 235
多段階認証 ･････････････ 228
立会外取引 ･･･････････ 101
立会取引 ･･･････････ 101
多要素認証 ･･･････････ 227, 228
多様な設計 ･･･････････ 195
団体生命保険 ･････････ 112
団体データ共同システム ･･･････ 127

ち

地銀共同センター ･･･････ 33, 36, 226
千葉銀行 ･･････････ 34
地方銀行 ･･･････ 23, 24, 33, 52, 67
地方銀行のシステム共同化 ･･･ 32, 35
チ方式 ･･･････････ 251
中央銀行デジタル通貨 ･･･････ 198
中継銀行 ･･･････ 28
中継コンピュータ ･･･ 59, 60, 62, 75
中小地域金融機関 ･･･････ 232
注文・執行・約定処理システム ･･ 92
長期信用銀行 ･･･････ 67
長期信用銀行系 ･･･････ 67
長期・分散・積立 ･･･････ 180
直接型 ･･･････ 198
直接金融 ･･･････ 3, 4
著作権 ･･･････ 208
著作権侵害 ･･･････ 169

つ

通知預金 ･･･････ 26
月払団体生命保険データ集配信システム ････ 117

て

提案支援システム ･･････ 115
ディーラー業務 ･････ 89, 92
ディーリング・トレーディングシステム ･･･ 95
定期性預金 ･････ 25, 26, 44
定期積金 ･････ 26
定期保険 ･････ 112
定期保険特約付終身保険 ･････ 112
定期預金 ･････ 26
提携カード ･････ 134
データセキュリティ ･････ 230
データバンク機能 ･････ 127
データ保護 ･････ 235
手形貸付 ･････ 27
テキスト分類 ･････ 150
適切性の検証と追加対応 ･････ 15
デジタル給与 ･････ 83
デジタル証券 ･････ 195, 197
デジタル人民元 ･････ 200
デジタルトランスフォーメーション ･････ 11
デジタルバンク ･････ 227
テレ為替 ･････ 60, 76
テロ ･････ 13
テロ資金供与等対策 ･････ 244
転換社債型新株予約権付社債 ･････ 101
電子記録債権 ･････ 27
電子決済手段等取引業 ･････ 193
電子決済等代行業 ･････ 43
電子データ交換 ･････ 61
電子マネー ･････ 139, 190, 198, 201
転々流通性 ･････ 190
店別目標管理システム ･････ 40

と

問い合わせ回答草案作成 ･････ 166
動機 ･････ 223
投機的リスク ･････ 9, 11
東京大阪2センター体制 ･････ 61
東京海上日動火災保険 ･････ 120
東京海上ホールディングス ･････ 120
東京証券取引所 ･････ 93, 100
東京証券取引所のシステム ･････ 100

– 262 –

東京証券取引所のプライマリセンター、
セカンダリセンター ･･････････････････101
統合 ATM ････････････････････････････39
統合 ATM スイッチングサービス ････････67
当座貸越 ････････････････････････････27
当座預金 ･･･････････････････････25, 26
投資 AI アシスタント ･････････････････166
投資一任運用型 ････････････････････160
投資情報システム ･･･････････････････94
投資助言型 ････････････････････････160
投資信託システム ･･･････････････････39
投資分析システム ･･･････････････････94
透明性 ･･････････････････････････････176
トークン型 ･････････････････････198, 199
独立企業型 ････････････････････････156
ドコモ口座の不備による不正送金 ･･･････219
都市銀行 ･･･････････････23, 24, 52, 67
都市銀行、地方銀行、第二地方銀行、信用金庫、
信用組合の相違点･･････････････････52
特権アカウント ････････････････････235
ト方式･･････････････････････････････251
トヨタファイナンス･･････････････････133
トリアージ･･････････････････････････237
取引所以外の有価証券流通市場 ･･･････････6
取引モニタリング ････････245, 246, 249
取引モニタリングシステム ･･･････246, 248

な

内国為替 ････････････････････28, 58, 63
内国為替制度運営費 ････････････････76
ナイジェリア ･･････････････････････200
内部監査 ････････････････････････233
内部不正 ･･･････････････････222, 229
ナンス ･･･････････････････････187, 188

に

西日本シティ銀行 ･･････････････････72
日銀 GW サーバ･････････････････････61
日銀接続･･････････････････････････61
日銀ネット ･･････････6, 39, 58, 61, 64, 65, 66
日銀ネット国債系････････････････64, 93, 99
日銀ネット当預系････････････････････64, 67
日本銀行･･････････････30, 58, 64, 103, 200
日本銀行金融ネットワークシステム ･･････6, 58, 64
日本銀行当座預金･･････････････････58, 64
日本証券クリアリング機構 ･･････92, 93, 101, 103

日本信用情報機構（JICC）･･････････････74
日本取引所グループ ･･････････････････102
日本生命保険･･････････････････････111
任意・自賠責一括払・決済システム ･･････126
人間中心･･･････････････････････････176
認証・アクセス管理･････････････････235

ね

ネッティング ････････････････････99, 103
ネットワークシステム ･･･････････････101
年金保険 ････････････････････････114

の

野村証券 ････････････････････････97
野村総合研究所 ･･･････････････97, 128
野村ホールディングス ･･･････････････166
乗り合い型の保険ショップ･･･････････114

は

バージョン管理 ･･･････････････････230
ハードウェア ･･･････････････････････37
ハードウェア・ソフトウェア等の脆弱性管理･･･234
売買システム ･･･････････････････････100
ハイブリッドクラウド型･･････････････36
バコン ･･････････････････199, 200, 201
八十二銀行 ････････････････････････34
発行市場（プライマリーマーケット）･･････197
ハッシュ関数 ･･･････････････････････186
ハッシュ値 ･･･････････186, 187, 188
幅広いチャネルからの契約があること ･･････114
バハマ ･････････････････････････････199
バハマ中央銀行･･････････････････････199
パブリック型･･････････････････････189
パブリッククラウド ･･････････････････36
ハルシネーション ･････････････････169
半減期 ････････････････････････････188
犯罪収益移転防止法 ･･･････････245, 250
犯収法 ･････････････････････245, 250
汎用データ交換システム ･･･････････126

ひ

東日本銀行･･････････････････････････34
引受・売出し業務 ･･･････････････89, 90
肥後銀行 ････････････････････････36
費差益 ･････････････････････････････112
ビジネスリスク･･･････････････････････9

－ 263 －

索引

ビジネスローン（freee 会員専用） ········· 156
ビジネスローン（ヤフー出店者用） ········· 155
非代替性トークン ······················· 205
日立製作所 ·························· 34, 36
ビットコイン ······· 185, 186, 188, 189, 190, 191
人保険事故等情報交換システム ··········· 126
ヒト・モノ・カネ ····················· 13, 15
百五銀行 ······························· 36
標的型攻撃 ···························· 224
広島銀行 ···························· 34, 72

ふ
ファームバンキング ····················· 39
ファインチューニング ··················· 171
フィッシング ···················· 144, 221
フィデアホールディングス ················ 34
封じ込め ····························· 237
風評リスク ······························ 9
福井銀行 ···························· 156
福岡銀行 ························· 72, 156
福岡銀行フィンディ ··················· 156
ふくおかフィナンシャルグループ ···· 34, 36, 166
福島銀行 ····························· 36
富国生命保険 ························· 111
不祥事 ······························· 13
不正検知 ···························· 150
不正行為の牽制 ······················ 250
不正時の対応 ························· 250
不正送金 ························· 202, 221
不正の防止 ··························· 250
不正利用 ···························· 144
普通預金 ····························· 25
復旧 ···················· 17, 76, 79, 237
不動産担保評価管理システム ············· 40
フューチャーアーキテクト ················ 36
プライバシー保護 ····················· 176
プライベート型 ······················· 189
プラットフォーム ····················· 230
振替機関 ···························· 102
プレースメント ······················· 243
ブローカー業務 ················· 89, 91, 93
プログラマビリティ ················ 206, 207
プロジェクト・アゴラ ·················· 200
ブロックチェーン
········· 185, 189, 190, 198, 199, 200, 205, 207
プロパーカード ······················ 134

プロンプトインジェクション ·············· 169
プロンプトエンジニアリング ·············· 171
分散型金融 ·························· 204
分散型自律組織 ······················ 203
分散型台帳 ······················ 185, 199

へ
ペネトレーションテスト ················· 234
ヘ方式 ······························ 251

ほ
法人向け損害保険 ····················· 120
法整備が不十分 ······················ 208
法定通貨担保型 ······················ 192
法務・規制リスク ······················· 9
ポートフォリオ提案機能 ················· 161
ホールセール型 ··················· 198, 200
北陸銀行 ···························· 34, 72
保険会社 ························· 109, 232
保険会社と保険のカテゴリー ············· 109
保険会社のビジネスの考え方 ············· 111
保険業法 ···························· 109
保険金支払管理システム ················· 115
保険数理 ···························· 114
保険数理計算処理があること ············· 114
保険代理店 ························· 114
ほけんの窓口 ························· 114
保険料収納管理システム ················· 115
保険料収納システム ··················· 123
募集・売出し業務 ··················· 89, 90
保障対象の事象が様々で多品種であること ·· 122
北海道銀行 ························· 34, 72
北國銀行 ····························· 36
ほふり ····························· 102
ホ方式 ························· 250, 251
本格対処 ····························· 17

ま
マーケティング支援システム ·············· 40
マイナンバーカード ················ 251, 252
マイニング ······················ 187, 188
マイニングの報酬 ····················· 188
前払式支払手段発行者 ··················· 232
松井証券 ····························· 96
マネーフォワード ················· 42, 156
マネー・ローンダリング ·········· 243, 244, 247

― 264 ―

マネー・ローンダリング対策共同機構‥‥‥‥248
マネー・ローンダリング・テロ資金供与・拡散金融
‥‥‥‥‥‥‥‥‥‥‥‥‥‥‥‥‥‥244
マネックス証券‥‥‥‥‥‥‥‥‥‥‥‥‥‥96
丸井グループ‥‥‥‥‥‥‥‥‥‥‥‥‥‥196
マルチモーダル AI ‥‥‥‥‥‥‥‥‥‥‥172
満期管理システム‥‥‥‥‥‥‥‥‥‥‥123

み

みずほ銀行‥‥‥‥‥‥‥‥‥33, 37, 72, 156
みずほスマートビジネスローン‥‥‥‥‥‥156
みずほフィナンシャルグループ‥‥‥‥‥‥166
三井住友カード‥‥‥‥‥‥133, 165, 167
三井住友海上火災保険‥‥‥‥‥‥120, 165
三井住友銀行‥‥‥‥‥‥‥‥‥‥‥33, 72
ミッションクリティカルエリア‥‥‥‥‥‥‥63
三菱 UFJ 銀行‥‥‥‥‥‥‥32, 34, 72, 156
三菱 UFJ ニコス‥‥‥‥‥‥‥‥‥‥‥133
三菱 UFJ フィナンシャルグループ‥‥‥‥‥36
身元確認‥‥‥‥‥‥‥‥‥‥‥‥‥‥‥250
宮崎銀行‥‥‥‥‥‥‥‥‥‥‥‥‥‥‥166
みんなの銀行‥‥‥‥‥‥‥‥‥36, 72, 227

む

無担保型‥‥‥‥‥‥‥‥‥‥‥‥‥‥‥192

め

銘柄管理システム‥‥‥‥‥‥‥‥‥‥‥‥92
明治安田生命保険‥‥‥‥‥‥‥‥111, 165
メインフレーム‥‥‥‥‥‥‥‥‥‥‥33, 37
メインフレームからの脱却‥‥‥‥‥‥‥‥63
メインフレームコンピュータ‥‥‥‥32, 36, 63
メタデータ‥‥‥‥‥‥‥‥‥‥‥‥‥‥205
免許制‥‥‥‥‥‥‥‥‥‥‥‥‥‥‥‥57

も

モアタイムシステム‥‥‥‥‥‥‥‥‥‥‥61
目標復旧時間‥‥‥‥‥‥‥‥‥‥‥‥237
目標復旧水準‥‥‥‥‥‥‥‥‥‥‥‥237
モニタリング‥‥‥‥‥‥218, 221, 231
モニタリング・演習の高度化‥‥‥‥‥‥217
モラルリスク対策‥‥‥‥117, 118, 119, 125

や

約束手形の利用廃止‥‥‥‥‥‥‥‥‥‥27
八千代銀行‥‥‥‥‥‥‥‥‥‥‥‥‥‥52

山口フィナンシャルグループ‥‥‥‥‥‥166
山梨中央銀行‥‥‥‥‥‥‥‥‥‥‥‥‥36

ゆ

融資‥‥‥‥‥‥‥‥‥‥‥‥‥‥‥‥‥26
融資業務支援‥‥‥‥‥‥‥‥‥‥‥‥166
ゆうちょ銀行‥‥‥‥‥‥‥‥5, 67, 68, 72

よ

養老保険‥‥‥‥‥‥‥‥‥‥‥‥‥‥112
預金業務‥‥‥‥‥‥‥‥‥‥‥25, 26, 29
預金取扱等金融機関‥‥‥23, 24, 52, 57, 58, 62, 74
預金保険制度‥‥‥‥‥‥‥‥‥‥‥‥‥26
横浜銀行‥‥‥‥‥‥‥34, 36, 72, 156, 226
与信情報‥‥‥‥‥‥‥‥‥‥‥‥‥‥‥74
予定事業費率‥‥‥‥‥‥‥‥‥‥111, 112
予定死亡率‥‥‥‥‥‥‥‥‥‥‥‥‥111
予定利率‥‥‥‥‥‥‥‥‥‥‥‥111, 112
予防‥‥‥‥‥‥‥‥‥‥‥‥‥‥‥16, 77

ら

ライフネット生命保険‥‥‥‥‥‥‥‥‥114
楽天 Edy‥‥‥‥‥‥‥‥‥‥‥‥‥‥‥84
楽天カード‥‥‥‥‥‥‥‥‥‥‥‥‥133
楽天銀行‥‥‥‥‥‥‥‥‥‥‥‥‥‥‥53
楽天証券‥‥‥‥‥‥‥96, 97, 160, 166
楽天スーパービジネスローン‥‥‥‥‥‥152
楽天スーパービジネスローンエクスプレス‥‥‥155
楽天は銀行を持てるが、銀行は楽天を持てない
‥‥‥‥‥‥‥‥‥‥‥‥‥‥‥28, 53
楽ラップ‥‥‥‥‥‥‥‥‥‥‥‥160, 162
ランサムウエア‥‥‥‥‥‥‥‥‥217, 224
ランサムウエア攻撃‥‥‥‥‥‥‥‥‥‥235

り

リクルート MUFG ビジネス‥‥‥‥‥‥‥84
利差益‥‥‥‥‥‥‥‥‥‥‥‥‥‥‥111
リスク‥‥‥‥‥‥‥‥‥‥‥‥‥‥‥‥9
リスクアペタイト‥‥‥‥‥‥‥‥‥‥‥11
リスクアペタイトフレームワーク‥‥‥‥11, 12
リスク管理部門‥‥‥‥‥‥‥‥‥‥‥233
リスク管理プロセス‥‥‥‥‥‥‥‥‥234
リスクベース・アプローチ‥‥‥‥231, 233
リスクマネジメント‥‥‥‥‥‥‥‥11, 12
りそな銀行‥‥‥‥‥‥‥‥‥‥‥72, 156
リバランス機能‥‥‥‥‥‥‥‥‥‥‥162

- 265 -

索引

流通系クレジットカード会社 · · · · · · · · · · · · · · 133
流通市場（セカンダリーマーケット） · · · · · · · · 197
流動性 · 196
流動性預金 · 25
流動性リスク · 9
稟議審査支援システム · 40

れ
レイヤリング · 243, 244

ろ
労働基準法施行規則 · 83
労働金庫 · 23, 67
ログ取得 · 222
ログの保全 · 237
ロボアドバイザーサービス · · · · · 160, 161, 162, 180

わ
ワ方式 · 251
ワンタイムパスワード · · · · · · · · 144, 221, 227, 228
ワンタイムパスワード生成機 · · · · · · · · · · · · · · 227

A
AI · 149, 151
Air キャッシュ · 156
AI 原則 · 175, 176, 177
AI 事業者ガイドライン · · · · · · · · · · · · · · · · · 173
AI スコアリングサービス · · · · · · · · · · · · · · · · 248
Amazon Web Service · 36
Amazon レンディング · · · · · · · · · · · · · 152, 155
American Express · · · · · · · · · · · · · 135, 141, 144
AML · 243
AML/CFT · 244, 248
Android Pay · 83
APG · 247
API · 42, 63
API 開放 · 41, 43
API 活用 · 41
API 接続 · 43
Apple Pay · 83
arrowhead · 100, 101
arrownet · 101
ATM · 72
au PAY · 84
au カブコム証券 · 96
Azure OpenAI Service · · · · · · · · · · · · · · · · · · · 165

B
BankVision · 33, 36
BankVision on Azure · 36
BCP · 13, 16
BeSTAcloud · 34
BIPROGY · 33, 36
BIS · 200

C
CAFIS · 67, 135, 138, 140
Cash Dispenser · · · · · · · · · · · · · · · · · · · 6, 32, 67
CBDC · 198, 199, 202
CBDC フォーラム · 200
CboePTS · 101
CD · 6, 32, 67, 140
CD/ATM ネットワーク · · · · · · · · · · · · · · · · · 6, 67
CFT · 244
Chance · 34
ChatGPT · 164
CMS-CSIRT · 226
Compound · 204
Computer Security Incident Response Team · · 225
Corda · 189
CSIRT · 225
CSSA · 218, 225

D
DAO · 193, 203, 204
DeFi · 204
Delivery Versus Payment · · · · · · · · · · · · · · · · · 99
Delta Wall · 225
DG フィナンシャルテクノロジー · · · · · · · · · · · · 135
Diners Club International · · · · · · · · · · · · 135, 144
Discover · 141
DVP 決済 · 99
DX · 11
DX レポート · 212

E
EC サイト型 · 152
EDI 情報 · 61
e-JIBAI · 125, 128
eKYC · 250
Electronic Know Your Customer · · · · · · · · · · 250
EMV3D セキュア · · · · · · · · · · · · · · · 143, 144, 145

F

FATF ······················247
FATF 型地域体 ·················247
FDUA ······················19, 168
FIDO 認証 ···················228
Financial Action Task Force ········247
FinTech ··············151, 212, 213
FinTech から金融 DX への発展 ·········213
Flight21 ····················34
freee ·····················42, 156
FSRB ······················247
FT ·······················205
Function calling ···············172

G

GMO あおぞらネット銀行 ···········156
GMO イプシロン トランザクションレンディング ··156
GMO ペイメントゲートウェイ ·········135
Google Cloud Platform ···········36
GUCCI ·····················208

H

Hyperledger Fabric ·············189
Hyperledger Iroha ·············200

I

ibet ······················196, 197
ISO20022 移行対応 ··············70
IT システム ··················5

J

Japanese Public Key Infrastructure ·······251
JCB ················83, 133, 135, 141, 144
JCN ······················135
J-Coin Pay ···················72
JPKI ······················251
JSCC·······················103

K

Know Your Customer ············250
KYC ······················250

L

Large Language Models ···········164
LENDY ·····················157
LINC ······················117

LLM
LLM ···················164, 171, 172, 177

M

Mastercard ···········83, 135, 140, 141, 144
Mastercard contactless ···········83
MEJAR ·················34, 36, 226
MICS ······················67
MINORI ····················33
Moneytree ··················42
MS & AD インシュアランスグループホールディングス
······················120
MT フォーマット ···············70, 71
MUFG ·····················36
MX フォーマット ···············70, 71

N

NAS·······················104
NEXTBASE···················34
NFT ···············205, 207, 208, 209
NFT の 4 つの特徴 ···············207
NFT の課題 ··················207
NFT の基本構造 ················206
Non Fungible Token ·············205
NOT A HOTEL ·················209
NTT データ ···········33, 36, 63, 67, 135, 139

O

OCR ······················150
OpenStage ··················38
OS ·······················78

P

P2P 型 ·····················185
Partners ローン ···············155
PayPay ··················73, 83, 84
PayPay 銀行 ··················156
PayPay 資金調達 ···············156
PCI DSS·····················141, 142
PCI SSC ····················141
Progmat ···················196, 197
proof of stake ················189
proof of work·················188, 189
PTS ······················101, 197

Q

QR コード決済 ··············82, 139, 201

索引

QRコード決済の進展 · 82
QUICPay · 83

R

RAG · · · · · · · · · · · · · · · · 167, 169, 170, 171, 177
RC · 59, 60, 62, 75
RC17 · 60, 75
RC23 · 60, 75
RDP · 224
Remote Desktop Protocol · · · · · · · · · · · · · · · 224
RTGS · 64

S

SBI 証券 · 96, 97
SBI 新生銀行 · 67, 72
SBK · 33, 34
SB ペイメントサービス · · · · · · · · · · · · · · · · · · 135
Securitize · 196, 197
Security Operation Center · · · · · · · · · · · · · · · 224
SLA · 238
SMS · 227
SOC · 224, 225
SOMPO ホールディングス · · · · · · · · · · · · · · · · 120
START · 197
STELLACUBE · 33
stera finance · 156
SWIFT · 39, 69
SWIFT global payments innovation · · · · · · · · 70
SWIFT GO · 70, 71
SWIFT gpi · 69, 70
SWIFT gpi for Corporate · · · · · · · · · · · · · · · · 70
SWIFT の改革 · 70

T

T+1 · 103
T+2 · 103
T+3 · 103
Target · 101
TDnet · 101
THEO · 160, 161
ToSTNeT · 101
TSUBASA · 34

U

UC · 133
UniCask · 208

USDC · 192, 193
USDT · 192, 193

V

Visa · · · · · · · · · · · · · · · · 83, 135, 140, 141, 144
VPN · 224

W

Wallet+（ウォレットプラス）· · · · · · · · · · · · · · · 72
WealthNavi · 160, 161
Web3 · 186

X

XML · 70

Z

Zaim · 42
ZEDI · 61, 62

数字・記号

3D セキュア · 143
3D セキュア 1.0 · · · · · · · · · · · · · · · · · · · 143, 144
4 大損害保険 · 120
24 時間 365 日対応 · 61

■ 著者紹介 ■

遠藤 正之（えんどう まさゆき）
　静岡大学　情報学部教授
　慶応義塾大学　システムデザイン・マネジメント研究所研究員

　1983年早稲田大学政治経済学部卒業。同年三菱銀行（現・三菱UFJ銀行）に入行し、2015年9月まで32年半勤務。うちシステム部に約16年在籍し、第3次オンライン開発、東京三菱銀行システム統合、三菱東京UFJ銀行システム統合などの超大規模プロジェクトに、主に推進マネジメントの立場で参画した。2015年10月から静岡大学に転じる。
　2011年9月中央大学大学院戦略経営研究科修了（首席）、経営修士（専門職）、2015年3月慶應義塾大学大学院システムデザイン・マネジメント研究科後期博士課程修了、博士（システムデザイン・マネジメント学）。
　専門は金融情報システム、FinTech、情報システムのマネジメント。著書に『金融情報システムのリスクマネジメント』（日科技連出版社）、『金融DX、銀行は生き残れるのか』（光文社）がある。

[所属学会] システム監査学会、日本情報経営学会、経営情報学会、国際戦略経営研究学会
[資格] システム監査技術者、プロジェクトマネージャ、日本証券アナリスト協会検定会員、国際公認投資アナリスト、一級ファイナンシャルプランニング技能士

●ISBN 978-4-910558-36-3

嶋村 耕平／松倉 真帆／菅沼 悟／溝尻 征 著

エンジニア入門シリーズ

基本から学ぶ
マイクロ波ワイヤレス給電

回路設計から移動体・ドローンへの応用まで

定価4,620円（本体4,200円＋税）

1章　マイクロ波ワイヤレス給電
〜Historyと最新の研究〜
- 1.1　はじめに
- 1.2　マイクロ波ワイヤレス給電のこれまでの歴史・研究
- 1.3　要素技術の発展の歴史
- 1.4　近年の研究開発動向
- 1.5　各周波数帯域に対する身の回りの電磁波利用

2章　マイクロ波ワイヤレス給電の基礎
- 2.1　空間中の電磁波の伝播
- 2.2　電磁波の伝播手段と伝播モード
  - 2.2.1　導波管（WG: Wave Guide）
  - 2.2.2　同軸ケーブル
  - 2.2.3　高周波伝送路
- 2.3　伝送線路理論
- 2.4　λ/2, λ/4線路
- 2.5　Sパラメータ

3章　マイクロ波源の設計
- 3.1　マイクロ波電源の全体概要
- 3.2　増幅回路の電力利得
- 3.3　ドレイン効率と電力付加効率（PAE）
- 3.4　小信号利得（線形領域）と大信号利得（非線形領域）、P1dBとP3dB
- 3.5　マイクロ波増幅回路における増幅素子の周波数特性と最大可能出力
- 3.6　マイクロ波増幅回路のトレンドとベンチマーク
- 3.7　マイクロ波電源のシステム要件と設計構想
- 3.8　異常発振とK値
- 3.9　最大有能電力利得
- 3.10　増幅回路の動作モード
- 3.11　ソースプルとロードプル
- 3.12　多段増幅回路の設計方法
- 3.13　DCバイアス線路
- 3.14　増幅回路全体でのインピーダンス整合回路の設計
- 3.15　具体的なマイクロ波電源の設計手順

4章　マイクロ波ワイヤレス給電の受電側回路設計〜アンテナ〜
- 4.1　電気ダイポールとダイポールアンテナ
- 4.2　アンテナの評価指標
  - 4.2.1　放射パターンと利得（Gain）
  - 4.2.2　実効面積（Effective area）
  - 4.2.3　偏波
- 4.3　アンテナの遠方界放射
- 4.4　開口面アンテナ
- 4.5　マイクロストリップアンテナ（MSA）
  - 4.5.1　28 GHzパッチアンテナの設計手順例
- 4.6　アレイアンテナの設計
  - 4.6.1　4.5.1節の単体アンテナの4素子アレイ化

5章　マイクロ波ワイヤレス給電の受電側設計〜整流回路〜
- 5.1　理論RF-DC変換効率
- 5.2　シングルシリーズ・シングルシャント整流回路
- 5.3　28 GHz動作のF級負荷整流回路の設計製作
- 5.4　整流回路の性能評価
- 5.5　アンテナとの統合

6章　飛翔体への給電実験
- 6.1　飛翔体へのワイヤレス給電の歴史
- 6.2　回転翼UAVへのワイヤレス給電における28 GHzの優位性（2020年時点）
- 6.3　菅沼らによる飛行デモンストレーション実験と効率解析
  - 6.3.1　送電系・追尾システム
- 6.4　受電レクテナ
  - 6.4.1　アンテナ
  - 6.4.2　整流回路
- 6.5　UAV制御系
- 6.6　送受電効率の解析式
  - 6.6.1　ガウシアンビームとビーム収集効率 η beam
  - 6.6.2　捕集効率 η cap
  - 6.6.3　透過効率 η tra
- 6.7　飛行デモンストレーション結果
- 6.8　慶長・茂呂らによる飛行デモンストレーション実験
  - 6.8.1　受電アンテナ：16アレーパッチアンテナ
  - 6.8.2　UAV制御：PI・PID制御の導入
  - 6.8.3　飛行デモンストレーション実験結果
- 6.9　UAVへのワイヤレス給電の実現可能性
  - 6.9.1　5.8 GHz・28 GHzの解析効率比較
  - 6.9.2　バッテリー性能との比較（2020年時点）

7章　未来のワイヤレス給電
- 7.1　超高周波ワイヤレス給電
- 7.2　大電力ワイヤレス給電
  - 7.2.1　大電力ワイヤレス給電で用いる発振源
  - 7.2.2　立体型の整流管

発行／科学情報出版（株）

●ISBN 978-4-910558-35-6

大坪 雄平／萬谷 暢崇／羽田 大樹／染谷 実奈美　著
大塚 玲　監修

エンジニア入門シリーズ

ゼロからマスター！
Colab×Pythonで
バイナリファイル解析実践ガイド

定価4,400円（本体4,000円+税）

第1章　バイナリ解析に向けた準備運動
- 1.1　Pythonである理由
- 1.2　プログラミング環境構築
- 1.3　Pythonの基本
- 1.4　Pythonでバイナリを扱う準備
- 1.5　バイナリシーケンス型
- 1.6　各種エンコード
- 1.7　バイナリデータを扱う練習：Base64相互変換関数の自作

第2章　バイナリファイルの操作
- 2.1　バイナリファイルの読み書き
- 2.2　ファイル全体の俯瞰

第3章　バイナリファイルの構造解析の練習：画像ファイル
- 3.1　バイナリファイルのファイル構造
- 3.2　ファイル形式の判定
- 3.3　BMP形式
- 3.4　PNG形式
- 3.5　JPEG形式

第4章　バイナリファイルの構造解析実践編：コンテナファイル（アーカイブ、文書ファイル）
- 4.1　zip形式
- 4.2　PDF形式

第5章　応用編1　バイナリファイル解析の道具箱Binary Refinery
- 5.1　Binary Refineryとは
- 5.2　Binary Refineryのドキュメントとヘルプ
- 5.3　入出力に使う機能
- 5.4　データの表示に使う機能
- 5.5　データの切り出しに使う機能
- 5.6　バイナリと数値の変換に使う機能
- 5.7　ビット演算に使う機能
- 5.8　XOR演算関係の機能
- 5.9　デコードとエンコードに使う機能
- 5.10　圧縮関係の機能
- 5.11　その他の機能
- 5.12　演習：難読化されたPHPスクリプトの解析

第6章　バイナリファイルの構造解析実践編：実行ファイル
- 6.1　解析用ファイルの準備
- 6.2　ELF解析ライブラリ：elftoolsの準備
- 6.3　ELFファイルの構造
- 6.4　最初に実行されるプログラムコードの取得
- 6.5　Pythonで逆アセンブル
- 6.6　アセンブリコードの読み方入門

第7章　応用編2　バイナリ解析実践CTF
- 7.1　CTFとバイナリ解析
- 7.2　x86-64プログラムの解析
- 7.3　Pythonバイトコードの解析
- 7.4　本章のまとめ

第8章　応用編3　機械学習を用いたバイナリ解析〜マルウェアの種類推定を例に〜
- 8.1　マルウェアとは
- 8.2　機械学習とは
- 8.3　マルウェア解析と機械学習
- 8.4　特徴量の作成
- 8.5　グラフニューラルネットワークを使用したマルウェア分類
- 8.6　独自のデータセットを作成する方法
- 8.7　機械学習を用いたマルウェア分類における課題と展望
- 8.8　まとめ

付録
- 付録A　Pythonのバイナリデータ操作のチートシート
- 付録B　各数値表記とＡＳＣＩＩの対応表
- 付録C　Colab以外の環境で使用できる便利なバイナリファイル解析ツール達

発行／科学情報出版（株）

●ISBN 978-4-910558-33-2

元 東海大学　坂本 俊之　著

設計技術シリーズ

―高信頼性・長寿命を実現する―
バッテリマネジメント技術

定価4,620円（本体4,200円＋税）

第1章　バッテリマネジメントとは
1. バッテリマネジメントに期待される技術課題
2. 各章の概要

第2章　EV・HEV用バッテリとマネジメントの考え方
第1節　リチウムイオン電池
1. 電池の構成部材と役割
2. リチウムイオン電池の充放電サイクル
第2節　全固体電池
1. 現行の電池における課題
2. リチウムイオン電池と全固体電池
3. 全固体化のメリットと可能性
4. 全固体電池の構成材料
5. 無機固体電解質と伝導イオン
第3節　バッテリマネジメントの考え方
1. 電動車両のバッテリマネジメントの概要
2. 基本となる電動車両のバッテリマネジメント
3. これから求められるバッテリマネジメント

第3章　バッテリ特性とマネジメント
第1節　バッテリの温度特性とマネジメント
1. 電池冷却の概要
2. 電池冷却における熱の伝達
3. 電池冷却の熱制御モデル
第2節　バッテリの充放電特性とマネジメント
1. 電池の充放電特性の位置付け
2. 電池の充放電特性
3. OCV解析
4. OCV解析の実際
5. リユース、リサイクル電池への適用

第4章　バッテリマネジメント制御
第1節　バッテリの長寿命制御
1. リチウムイオンバッテリのセルばらつき
2. インダクタンス素子でばらつきを解消する
3. インダクタンスとキャパシタンス素子でばらつきを解消する
第2節　劣化バッテリの復活制御
1. ニッケル水素バッテリの
モジュール内セル間ばらつきを解消する
2. リチウムイオンバッテリの
セル間ばらつきを解消する
　2.1　リチウムイオンバッテリの3セル間ばらつき
　2.2　3セル間ばらつき解消の一般解析
　2.3　3セル間ばらつき解消の実データ解析（外部電源なし）
　2.4　3セル間ばらつき解消シミュレーション（外部電源なし）
　2.5　3セル間ばらつき解消の実データ解析（外部電源あり）
　2.6　3セル間ばらつき解消シミュレーション（外部電源あり）
第3節　バッテリの状態変数とバッテリマネジメント制御
1. リチウムイオンバッテリのエネルギを均等化する
2. 状態変数を使ってエネルギ均等化を可視化する
第4節　AI（人工知能）とバッテリマネジメント制御
1. AI技術の発展
2. ニューラルネットワーク制御
　2.1　ニューロン
　2.2　ニューラルネットワークのアルゴリズム
　2.3　交差エントロピー
　2.4　画像処理
3. 電池計測データとAIによる画像処理解析

第5章　交流インピーダンス法によるバッテリ劣化モデルと劣化診断解析
第1節　バッテリ等価回路によるバッテリ劣化モデル
1. リチウムイオンバッテリのACインピーダンス
2. SEI層を考慮したバッテリの電気的等価回路モデルとモデル計算
3. SEI層を考慮したバッテリの電気的等価回路のACインピーダンスシミュレーション
第2節　バッテリ劣化モデルによる劣化診断解析
1. 常温での実測とシミュレーション比較
2. 低温での実測とシミュレーション比較
3. シミュレーション特性
4. 等価回路定数とサイクル劣化

第6章　バッテリマネジメントシステムとの連携
第1節　バッテリマネジメントシステムとモータ制御
1. モータ制御における高速スイッチング化と電流の追従特性
2. DCブラシレスモータの制御
3. インダクションモータの制御
第2節　バッテリマネジメントシステムと太陽光発電システムとの連携
1. 太陽光自家発電システムと電力系統との連携
2. 太陽光自家発電システムと電力負荷マネジメント

第7章　マネジメント対象バッテリの将来展望と課題
1. 電池の市場と市場展開
2. ライフサイクルアセスメント
3. 全固体電池の技術的課題
4. 今後の研究開発の方向性

発行／科学情報出版（株）

●ISBN 978-4-910558-32-5

電気通信大学　曽我部 東馬　著

【エンジニア入門シリーズ】

Pythonではじめる量子AI入門

量子機械学習から量子回路自動設計まで

定価3,960円（本体3,600円＋税）

第1章　量子コンピューティングの基礎
- 1.1　量子コンピュータの歴史
- 1.2　量子コンピュータの種類と開発状況
- 1.3　量子コンピューティングの基本要素
  - 1.3.1　量子回路要素: 量子ビットの表記
  - 1.3.2　量子ビットの基本演算
  - 1.3.3　量子回路要素：量子ゲート
  - 1.3.4　量子回路要素：2量子ビット以上量子ゲート
  - 1.3.5　量子回路要素：量子測定
  - 1.3.6　Pythonによる量子回路の作成
  - 1.3.7　Pythonを用いた1量子ビット量子回路コンピューティング
  - 1.3.8　2量子ビット以上のPython量子コンピューティング
- 1.4　量子アルゴリズム
  - 1.4.1　量子加算アルゴリズム
  - 1.4.2　量子もつれと量子テレポーテーション
  - 1.4.3　量子もつれとEPRパラドックス（ベルの不等式、CHSHの不等式）
  - 1.4.4　量子アルゴリズムの鍵：位相キックバック
  - 1.4.5　量子フーリエ変換アルゴリズムの実装
  - 1.4.6　量子位相推定アルゴリズムの実装
  - 1.4.7　Deutsch-Jozsa量子アルゴリズムの実装
  - 1.4.8　グローバーのアルゴリズムの実装

第2章　機械学習と量子機械学習の導入
- 2.1　機械学習の基本法則：バイアスとバリアンス
- 2.2　教師あり学習
  - 2.2.1　回帰と分類
  - 2.2.2　学習モデルと代表的なアルゴリズム
- 2.3　教師なし学習－特徴抽出・クラスタリング・次元削減
  - 2.3.1　次元削減とクラスタリングの等価性
  - 2.3.2　行列方式による次元削減手法：主成分分析
  - 2.3.3　競合学習クラスタリングによる次元削減
- 2.4　量子機械学習
- 2.5　NISQ時代における量子機械学習まとめ

第3章　量子機械学習アルゴリズムⅠ
- 3.1　情報エンコーディング
  - 3.1.1　基底エンコーディング
  - 3.1.2　振幅エンコーディング
  - 3.1.3　テンソル積エンコーディング
- 3.2　量子特徴マッピング
  - 3.2.1　量子カーネルの導入
  - 3.2.2　SWAPテストを用いた量子カーネル回路
  - 3.2.3　データエンコード回路を利用した量子カーネル回路
- 3.3　Harrow-Hassidim-Lloyd（HHL）アルゴリズム
- 3.4　量子状態ベクトル距離計算
- 3.5　ハイブリッド型量子k-meansクラスタリング手法
- 3.6　量子カーネルSVM法
- 3.7　量子回路学習アルゴリズムの実装と応用例

第4章　量子機械学習アルゴリズムⅡ
- 4.1　変分量子固有値ソルバー（VQE）の実装と応用例
- 4.2　量子近似最適化アルゴリズム(QAOA)の実装と応用例
- 4.3　AI駆動型量子回路自動設計
  - 4.3.1　量子回路設計のQOMDP手法の概要
  - 4.3.2　GHZ状態生成

付録
- A　量子回路課題の解答
- B　Google ColabでのQiskitのインストール方法および実行手順
- C　式(1.65)の証明
- D　式(1.74)の証明
- E　有限差分法
- F　同時摂動最適化法（SPSA）
- G　量子部分観測マルコフ決定過程手法（QOMDP）
  - G.1　クラウス行列
  - G.2　QOMDP
  - G.3　QOMDPにおけるプランニングアルゴリズム
    - G.3.1　価値関数
    - G.3.2　プランニングアルゴリズム
    - G.3.3　方策

発行／科学情報出版（株）

●ISBN 978-4-910558-31-8　　　大阪公立大学　森本 茂雄・真田 雅之　著

設計技術シリーズ
省エネモータの原理と設計法
～永久磁石同期モータの基礎から設計・制御まで～
[改訂版]

定価4,620円（本体4,200円＋税）

第1章　PMSMの基礎知識
1. はじめに
2. 永久磁石同期モータの概要
   2-1 モータの分類と特徴／2-2 代表的なモータの特性比較
3. 固定子の基本構造と回転磁界
4. 回転子の基本構造と突極性
5. トルク発生原理

第2章　PMSMの数学モデル
1. はじめに
2. 座標変換の基礎
   2-1 座標変換とは／2-2 座標変換行列
3. 静止座標系のモデル
   3-1 三相静止座標系のモデル／3-2 二相静止座標系（α-β座標系）のモデル
4. d-q座標系のモデル
5. 制御対象としてのPMSMモデル
   5-1 電気系モデル／5-2 電気-機械エネルギー変換／5-3 機械系
6. 鉄損と磁気飽和を考慮したモデル
   6-1 鉄損考慮モデル／6-2 磁気飽和考慮モデル

第3章　電流ベクトル制御法
1. はじめに
2. 電流ベクトル平面上の特性曲線
3. 電流位相と諸特性
   3-1 電流一定時の電流位相制御特性／3-2 トルク一定時の電流位相制御特性／3-3 電流位相制御特性のまとめ
4. 電流ベクトル制御法
   4-1 最大トルク／電流制御／4-2 最大トルク／磁束制御（最大トルク／誘起電圧制御）／4-3 弱め磁束制御／4-4 最大効率制御／4-5 力率1制御／4-6 電流ベクトルと三相交流電流の関係
5. インバータ容量を考慮した制御法
   5-1 電流ベクトルの制約／5-2 電圧・電流制限下での電流ベクトル制御／5-3 電圧・電流制限下での最大出力制御／5-4 速度-トルク特性の概形と定数可変モータ

第4章　PMSMのドライブシステム
1. はじめに
2. 基本システム構成
3. 電流制御
   3-1 非干渉化／3-2 非干渉電流フィードバック制御／3-3 電流制御システム
4. トルク・速度・位置の制御
   4-1 トルクの制御／4-2 速度・位置の制御
5. 電圧の制御
   5-1 電圧形PWMインバータ／5-2 電圧利用率を向上する変調方式／5-3 デッドタイムの影響と補償
6. ドライブシステムの全体構成
7. モータ定数の測定法
   7-1 電機子抵抗の測定／7-2 永久磁石による電機子鎖交磁束の測定／7-3 d-q軸インダクタンスの測定

第5章　PMSM設計の基礎
1. はじめに
2. 永久磁石・電磁鋼板
   2-1 永久磁石／2-2 永久磁石の不可逆減磁／2-3 電磁鋼板／2-4 モータへの適用時における特有の事項
3. 実際の固定子巻線構造
   3-1 分布巻方式／3-2 集中巻（短節集中巻）方式／3-3 分数スロット、極数の組み合わせ
4. 実際の回転子構造
   4-1 永久磁石配置／4-2 フラックスバリア／4-3 スキュー

第6章　PMSMの解析法
1. はじめに
2. 磁気回路と電磁気学的基本事項
3. パーミアンス法
4. 有限要素法
   4-1 有限要素法の概要／4-2 ポストプロセスにおける諸量の計算
5. 基本特性算出法
6. モータ定数算出法
   6-1 d軸位置と永久磁石の電機子鎖交磁束 ψ_a／6-2 インダクタンス
7. S-T特性算出法
   7-1 基底速度以下／7-2 基底速度以上（弱め磁束制御）／7-3 基底速度以上（最大トルク／磁束制御）／7-4 鉄損の考慮／7-5 効率の計算

第7章　PMSMの設計法
1. はじめに
2. 設計のプロセス
3. 設計の具体例1（SPMSMの場合）
   3-1 設計仕様／3-2 設計手順
4. 設計の具体例2（IPMSMの場合）
   4-1 設計仕様／4-2 設計手順
5. 回転子構造と特性
   5-1 磁石埋込方法／5-2 埋込深さ／5-3 磁石層数／5-4 フラックスバリアの影響
6. 脱レアアースモータ設計
7. コギングトルク・トルクリプル低減設計
   7-1 フラックスバリア非対称化／7-2 異種ロータ構造の合成
8. 高効率化・小型化設計
   8-1 磁石配置による高効率化設計／8-2 強磁力磁石適用による高効率化・小型化設計／8-3 高速回転化・高性能磁性材料の適用による小径化・高効率化設計／8-4 ロータ機械強度向上設計／8-5 保磁力不足磁石適用時の耐減磁設計

発行／科学情報出版（株）

●ISBN 978-4-910558-28-8　　　　株式会社フルネス　古川 正寿　著

設計技術シリーズ

実践！Go言語とgRPCで学ぶマイクロサービス開発

定価3,960円（本体3,600円+税）

第1章　本書の概要
1－1．サンプルアプリケーションの概要
1－2．サンプルプログラムについて
1－3．gRPCの概要
1－4．Protocol Buffersの概要

第2章　Protocol Buffers
2－1．本章で作成するプロジェクト
2－2．基本言語仕様
2－3．メッセージとフィールド
2－4．サービス
2－5．コード生成
2－6．メッセージから生成されたコード
2－7．サービスから生成されたコード

第3章　サンプルアプリケーションの概要
3－1．Command Service
3－2．Query Service
3－3．CQRS Client

第4章　ドメイン層の実装
4－1．ドメイン層の概要
4－2．値オブジェクト
4－3．Ginkgo V2を利用したテスト
4－4．エンティティの実装
4－5．リポジトリインターフェイス

第5章　インフラストラクチャ層の実装
5－1．インフラストラクチャ層の概要
5－2．データベース接続
5－3．Modelの生成
5－4．リポジトリインターフェイスの実装
5－5．リポジトリのテスト
5－6．fxフレームワークの依存定義

第6章　アプリケーション層の実装
6－1．アプリケーション層の概要
6－2．サービスインターフェイスとその実装
6－3．サービスのテスト
6－4．依存定義

第7章　プレゼンテーション層の実装
7－1．プレゼンテーション層の概要
7－2．データ変換機能
7－3．サーバ機能の実装
7－4．アプリケーション起動準備
7－5．依存定義
7－6．エントリーポイントと動作確認

第8章　Query Serviceの実装
8－1．Query Serviceの概要
8－2．ドメイン層
8－3．インフラストラクチャ層
8－4．プレゼンテーション層
8－5．エントリーポイントと動作確認

第9章　クライアントの実装
9－1．クライアントの概要
9－2．インフラストラクチャ層
9－3．プレゼンテーション層
9－4．エントリーポイントと実行確認

第10章　インターセプタ、Stream RPC、そしてTLS
10－1．インターセプタ（interceptor）
10－2．通信形式（RPCタイプ）
10－3．セキュアな通信

Appendix
APP－1．VS Codeと開発基盤の準備
APP－2．VS CodeでWSLに接続する
APP－3．データベース環境の構築
APP－4．IDLとGoコード生成プロジェクト
APP－5．サンプルアプリケーションプロジェクト

発行／科学情報出版（株）

エンジニア入門シリーズ
ITアーキテクトとエンジニアのための
金融ITシステム入門

2024年12月13日　初版発行

著　者	遠藤 正之	©2024

発行者　松塚 晃医

発行所　科学情報出版株式会社

〒 300-2622　茨城県つくば市要443-14 研究学園

電話　029-877-0022

http://www.it-book.co.jp/

ISBN 978-4-910558-37-0　C2033

※転写・転載・電子化は厳禁

※機械学習、AI システム関連、ソフトウェアプログラム等の開発・設計で、
　本書の内容を使用することは著作権、出版権、肖像権等の違法行為として
　民事罰や刑事罰の対象となります。